_____ 님께

나날이 병원이 번창하길 기원해드립니다

골드닥터스 대표 이국진

잘되는 병원
안되는 병원

HOSPITAL MARKETING

잘되는 병원
안되는 병원

이국진 지음

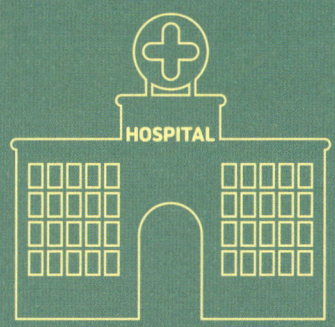

헤세의서재

• 추천사 •

마케터들의 마케터, 골드 닥터스

의원은 일반 기업들과 다르다. 원장은 오너이자 가장 중요한 의료노동자이고 경영자이며 의료서비스의 주체이다. 모든 것이 원장중심으로 돌아간다. 태생이 그렇다. 마케팅이 더욱 중요한 이유이다. 같은 장비로 하는 같은 시술에도 다른 가격을 받는 가장 큰 이유는 마케팅이다.

나는 네트워크 의원의 경영자로서 마케팅 실행사를 운영하고 있으며, 여러 해를 실행사와 파트너십을 맺고 함께 해왔다. 이국진 대표는 언제나 확신에 찬 어투로 믿음을 주고 그 신뢰를 결과로 보여주는 가장 신뢰성 있는 파트너 중 하나이다. 대부분의 원장들은 병원이 안 될 때 100퍼센트 마케팅만 믿고 기다리는 경우가 많다. 마케팅은 병원 밖에서만의 일이 아니다. 서로를 믿고 병원 밖의 마케팅사와 병원

안의 의지가 맞물려야 지속적인 효과를 볼 수 있다. 지금 같은 초연결 시대에 촘촘하고 빈틈없는 파트너십이 필요한 이유이다.

　이 책은 원장이 마케팅의 주체가 되길 바라는 책은 아니다. 경영의 주체로서 마케팅 업체를 선정하고 중요사항을 결정할 때, 필요한 기초 개념을 세워주고 그 결정에 확신을 줄 수 있는 책이다. 코로나도 한풀 꺾였고 존버는 끝났다. 병원이 안 되면 결단을 내려야 한다.

세가지소원 대표원장 **이용택**

　현재 개원을 앞둔 의료진들이 주어진 홍보비용을 알차게 활용하고 싶다면, 이 책이 시행착오를 줄여주고 나침반 역할을 충분히 해줄 거라 믿어 의심치 않습니다. 집필을 진심으로 축하드립니다.

지우병원 병원장 **권순만**

　이제 의원도 경쟁 시대다. 폐업하는 의원이 늘고 있다. 따라서 온라인 마케팅은 이제 선택이 아닌 필수가 되었다. GDM(골드닥터스)은 새로 개원하는 또는 개원 초기의 초조한 원장들에게 항불안제 역할을 해줄 것으로 생각한다. 골드닥터스 이국진 대표님의 전문성, 책임감과 열정을 믿고 같이 함께해서 개원에 꼭 성공하는 원장님이 되시길 바란다.

마디튼튼의원 대표원장 **박종완**

　봉직의에서 개원의로 설레는 마음으로 시작했지만 진료보다 오히려 마케팅이 더 어렵다고 생각되는 요즘입니다. 진료만 잘해서 병원이 잘되는 시대는 갔습니다. 물론 시간이 지나면 실력 있는 병원은 붐비기 마련이겠지만, 개원 초기부터 실력 있는 병원이 되는 그때까지 소위 '버티기'를 하기 위해서는 마케팅이 필수입니다. 하지만 무엇부터 시작해야 할지, 어떻게 광고를 만들어야 할지 모를뿐더러 난립하는 마케팅 업체들의 유혹에 빠져 후회하시는 원장님들이 많습니다. 의료법을 준수하면서 사람들을 불러모으는 마케팅을 잘하는 노하우는 아무나 가질 수 있는 것이 아닙니다. 다행히도 나는 골드닥터스와 함께하며 적극적인 소통과 피드백에 감동했었고 의료법과 병원 시스템에 대한 높은 이해도에 감탄했었습니다. 이 책은 골드닥터스의 '결과로 말해주는 노하우'를 담은 책으로 마케팅을 할 때 꼭 해야 하는 것, 주의해야 하는 것의 이유와 방법을 요목조목 이해하기 쉽게 설명해 놓았습니다. 처음부터 어떻게 시작해야 할지 모르는 원장님에겐 가이드라인이, 이미 마케팅을 하고있는 원장님에게는 빠진 점을 보완할 수 있는 체크리스트가 될 수 있을 것이라 생각합니다.

모베나의원 대표원장 **조우인**

첫 개원 당시 지인의 소개로 골드닥터스에 문을 두드리게 되었다. 현재 경쟁이 치열하고 진료영역이 다양해지는 부인과 개원가의 특성상 광고 및 홍보는 필수적인 개원 준비의 아이템이 되었다. 골드닥터스 이국진 대표님은 부인과의 보험진료 및 비급여 진료영역, 인근상권 및 고객들의 특성과 니즈를 명확하게 파악하여 전략적인 마케팅으로 현재까지 본원이 성장하게 된 밑거름이 되어주셨다. 중간에 나의 의견도 잘 반영되고 의사소통도 잘되며 수정 사항도 즉시 반영되는 골드닥터스의 광고 드림팀은 본원의 든든한 지원군으로 자리매김하게 되었다.

세라산부인과 원장 **안정미**

두 평 남짓한 진료실 안에서 인생의 가장 많은 시간을 보내는 개원의로서, 매 순간 변화하는 시장의 흐름에 대처하기란 불가능에 가까운 일입니다. 하지만 시장의 흐름을 외면하는 안일한 대응은 결국 도태를 초래하기 쉬워진다는 측면에서 늘 난관에 놓이게 되는 것이 개원의의 숙명일 것입니다. 여러 번의 광고 파트너들과의 만남과 헤어짐을 경험하면서 마케터들에 대한 편견이 쌓여갈 때쯤 이국진 대표와의 만남은 좀 남달랐던 기억입니다.

'안 되면 되게 하겠습니다!'가 아닌 제가 원하는 바가 무엇이어야 하는지 구체적인 목표를 제시해 주었고, 그러기 위해서 이 대표가 할 수 있는 부분과 할 수 없는 부분을 명확하게 알려주었습니다. 또한 본인이 약속한 바 목표를 끝까지 완수해내고야 마는 모습으로 신뢰를 쌓아 나갔습니다. 아울러 생각지도 않게 발생하는 마케팅 외적인 병원의 돌발 상황에서는 끝까지 함께 해결하고자 노력해주시는 모습에서 동료애까지 느낄 수가 있었습니다.

결국 이국진 대표의 신념의 떡잎이 현재 이렇게 커다란 아름드리 나무로 우뚝 섰고, 머지않아 여러 파트너들이 그 안에서 편히 쉴 수 있는 더 멋지고 울창한 숲이 될 것을 기대합니다. 여기 이 책에서 이 '남자'의 마케팅 기술이 아닌 신념과 철학을 여러 사람들이 공유하게 된다면 참 멋진 일이 될 것입니다.

서울강남비뇨의학과 대표원장 **이병기**

책 앞에서 울어본 적 있는가?

요즘 광고회사들을 보면, 흉내 내기다. 별로 멋이 없다. 고유의 자기 색을 잃지 않는 골드닥터스 이국진 대표는 말없이 가만히 있어도 튀어나오는 느낌이 있다. 자기 본연의 색을 지키고 발전시킨다는 것은 단순히 노력 이상의 용기가 필요한 일이다.

그래서 이국진 대표는 '일머리'가 있는 사람이다. 그렇게 많은 일을 하면서 좋은 사람이란 소리 듣길 원하지 않고, 좋은 사람이란 말을 들으면서 결과를 만들기는 너무 어렵기에 처음부터 판을 '독한 사람'으로 깔고 가는 대표이다. 오지게 실패하고 실패하고 나니 보이는 마케팅 오차의 가르침이 이 책 속에 있다.

슬픔을 처리하는 일꾼이 집안에 한 명씩은 있다. 헤쳐나가는 사람.... 이국진 대표는 병원을 건강하게 만드는 '슬픈 일꾼'이라 부르고 싶다. 이 책은, 매출을 고민하는 병원들을 부드럽게 야단친다.

(주)엠아이오홀딩스(로앤산부인과 마케팅사) 대표 **오경근**

목차

추천사 • 4
머리말 ✚ 병원마케팅을 위한 나침반이 되길 바라며 • 12

1부 ✚ 마케팅 안 하면 개원하지 마라

01. 좋은 입지보다 최적의 온라인 마케팅 • 19
02. 마케팅 골든타임은 개원 전 45일 • 25
03. 마케팅대행사, 마케팅실행사 어디가 좋을까? • 33
04. 병원 온라인 마케팅사 선택의 5가지 조건 • 40
05. 골드닥터스의 압도적인 탁월성 3가지 • 46

2부 ✚ 네이버 블로그 마케팅 전략

01. 왜, 원장님들이 블로그를 할까? • 57
02. 블로그 상위노출을 결정하는 네이버 알고리즘 • 64
03. 최적화 블로그의 기준 4가지 • 72
04. 상위노출 블로그의 핵심, 키워드 선정 • 79
05. 상위노출을 위한 포스팅 작성 비법 • 90
06. 원장님이 직접 블로그 하는 방법 • 97

3부 ✚ 네이버의 다양한 마케팅 툴
01. 최상단에 노출되는 파워링크 • 107
02. 스마트 플레이스의 상위노출 비법 3가지 • 113
03. 고품질 의료 정보의 파워컨텐츠 • 119
04. 강력한 입소문의 네이버 카페 • 125
05. 광고 효과 높은 지식iN • 132
06. 공신력 높은 언론보도, 네이버 뉴스 • 138

4부 ✚ 끌리는 유튜브 마케팅 비법
01. 긴 안목으로 시작해야 할 유튜브 • 147
02. 끌리는 병원 동영상 만드는 요령 4가지 • 155
03. 원장님은 크리에이터로 변해야 한다 • 163
04. 트렌드 모르면 다이어트 유튜브 하지 말라 • 170
05. 병원 유튜브 운영의 기본 6가지 • 177

5부 ✚ 강력한 SNS, 당근마켓과 인스타그램
01. 효과 높은 당근마켓 피드 광고 • 185
02. 매출 10배 높이는 인스타그램 스폰서 광고 • 191

6부 ✛ 반드시 알아야 할 의료법과 사전심의

01. 반드시 숙지해야 할 의료법 • 203
02. 혼동하기 쉬운 의료심의 인터넷 매체 • 212
03. 주의해야 할 환자 유인행위 • 219
04. 치료경험담은 의료법 위반일까? • 225
05. 유의해야 할 광고문구와 표현 • 231

7부 ✛ 마케팅 효과 높이는 내부마케팅에 대한 조언

01. 내부마케팅이 온라인 마케팅 성공을 보장한다 • 241
02. 사업가로서 서번트 리더십을 발휘하라 • 248
03. '환자 우선'의 핵심 가치를 공유하라 • 255
04. 효과적인 내부마케팅의 실무적 방법 5가지 • 262

• 머리말 •
병원마케팅을 위한
나침반이 되길 바라며

갈수록 병원 운영하기 힘들다는 원장님의 하소연을 자주 접하곤 합니다. 필자는 쉬는 날을 제외하고 매일같이 최소 2명에서 최대 5명의 원장님과 미팅하고 있습니다. 전국의 거의 모든 진료과 원장님을 만나고 있습니다. 이때마다 상당수 원장님들이 힘들다고 말씀하는 경우가 많습니다.

대체 그 이유가 뭘까요? 원장님이 진료 실력이 떨어져서 병원경영이 잘 안되는 걸까요? 전혀 그렇지 않습니다. 전국의 모든 진료과 원장님의 진료와 수술 실력은 거의 대동소이합니다. 그러면서도 전 세계적으로 우리나라의 모든 진료과 원장님의 실력은 최고를 달리고 있습니다. 그런데 왜 병원이 잘되지 않을 걸까요?

교통이 편리한 도심과 주택가 중심으로 밀집해 있는 병원들이 치열한 경쟁이 벌어지기 때문입니다. 거리를 걷다 보면 주요 상권에는 동일한 진료과 병원들이 여러 개가 운영되는 것을 찾아볼 수 있습니다. 일례로 치과는 시내의 한 블록마다 한 개가 있을 정도로 과포화되었습니다. 서울의 한 주요 역세권의 경우, 한 상가 건물에 치과가 무려 6개가 운영되는 경우가 있습니다. 환자의 수요는 한정되어 있는데 동일한 진료과 의료 서비스 공급이 많아져서 심한 경쟁이 벌어지고 있습니다.

여기다가 갈수록 진료수가가 떨어지고 있어서 수입이 예전보다 못합니다. 더 많은 환자를 받아야 만족할 만큼의 수입으로 병원을 운영할 수 있는 처지가 되었습니다. 상황이 이렇다 보니, 잘되는 소수의 병원만 잘 되고 그렇지 못한 나머지 병원은 도태의 길로 내몰리고 있습니다. 폐업하는 병원의 수가 점차 증가하고 있습니다.

필자가 하는 일은 온라인 병원마케팅입니다. 개원을 준비하는 원장님, 병원 운영이 힘든 원장님뿐만 아니라, 안정적인 병원 운영을 지속적으로 유지하고자 하는 원장님이 필자에게 손을 내밀고 있습니다. 원장님들이 저에게 바라는 것은 하나입니다. 병원의 극한 경쟁 속에서 살아남기 위한 전략을 강구 해야 하기 때문입니다. 그 전략은 입지

선정도, 오프라인 홍보도, 고품질 의료장비 구축도 아닙니다. 바로 온라인상의 병원 노출 마케팅입니다.

　보건의료 지식수준이 높은 요즘 환자들은 스마트폰으로 네이버 검색을 하여 상위 노출된 병원들을 비교 후 한 곳을 선택합니다. 환자들은 대개 네이버 검색 시 상위에 노출된 병원을 찾는 경향이 강합니다. 따라서 검색 시 상위에 노출되지 않은 병원은 사실상 간판이 없는 병원이나 다름없기에 환자들이 내원할 가능성이 제로에 가깝습니다. 유튜브, 인스타그램, 당근마켓 역시 병원의 상위 노출이 중요합니다.

　입지가 좋지 않은 병원의 한 원장님은 내원 환자 수가 적어서 병원 문을 닫아야 하는 상황에 내몰렸었습니다. 그 원장님은 필자를 만난 후 최후의 수단으로 온라인 마케팅에 올인하기로 한 후 큰 성공을 거두었습니다. 현재 신축 건물을 올렸으며 직원수가 10배 늘어나는 것과 함께 네트워크 병원으로 사세를 확장하고 있습니다. 이런 성공 사례는 비일비재합니다.

　필자는 체계적이고 과학적인 온라인 마케팅을 통해 신규 개원 병원은 많은 초진 환자의 내원을 유도해드리며, 안되는 병원은 잘되게 해드릴 뿐만 아니라 잘되는 병원은 더 잘 되게 성장시켜드리고 있습니다. 이는 전국의 수 백개의 고객 병원들을 통해 입증된 사실입니다.

　어느새 병원 마케팅 실행사를 시작한 지 10년이 넘었습니다. 한눈

팔지 않고 온라인 마케팅이라는 한 우물만 파왔기에 병원마케팅 분야에서 압도적인 경쟁력을 확보하고 있습니다. 이 책은 수백 개 병원의 마케팅을 컨설팅한 핵심 노하우를 진솔하게 집약시켰습니다. 이 책은 원장님 본인이 마케팅을 알아야 좋은 마케팅회사를 찾을 수 있기에 지금 시기에 맞는 병원 마케팅 교과서처럼 썼습니다.

아무쪼록 이 책이 병원 운영으로 초조한 원장님들에게 든든한 나침반이 되길 바랍니다.

이국진

HOSPITAL MARKETING

· 1부 ·
마케팅 안 하면 개원하지 마라

01
좋은 입지보다 최적의 온라인 마케팅

예비 개원의들을 만나보면 다들 주요상권이나 역세권에 병원을 개원하고 싶어한다. 이곳은 많은 유동인구를 자랑하므로, 잘 될 경우 많은 환자 유입을 기대할 수 있기 때문이다. 실제로 서울 주요 상권이나 강남에 수많은 병원들이 몰려있고, 치열한 경쟁을 벌이고 있다.

과연, 좋은 입지에 병원을 개원했다고 해서 성공을 보장하는 걸까? 그 반대로 나쁜 입지에 병원을 개원한다면 성공하지 못하는 걸까? 과거에는 입지의 중요성이 컸지만 지금은 그렇지 않다. 입지보다는 마케팅을 어떻게 하느냐가 더 중요하다. 유동인구가 적고 사람 발길이 잘 닿지 않는 변두리의 골목 모퉁이에 병원을 열더라도 마케팅만 잘하면 충분히 성공을 보장할 수 있다.

입지 안 좋은 병원,
온라인(바이럴) 마케팅으로 대성공

필자는 하루에 2~3건, 많을 때는 5건 원장님과 미팅을 한다. 다양한 진료과목의 원장님들이 갖가지 이유로 어려움에 처하게 되어 필자에게 도움을 요청해온다. 이 가운데 특히 잘못된 입지 때문에 힘들어하는 경우가 많다. 처음부터 입지가 좋지 않은 곳을 선정한 경우도 있지만, 시간이 흘러 주변 상권이 주저앉는 이유로 입지가 나쁘게 변하는 경우도 있다. 사실, 입지가 나쁠 때보다 입지가 좋을수록 병원들이 몰려있어서 경쟁 구도가 심하고 마케팅 비용도 그만큼 많이 들어간다.

일단 입지가 좋지 않으면, 환자들이 그 병원 위치를 잘 볼 수 없기에 그 병원을 방문할 가능성이 떨어지는 게 당연하다. 그래서 입지가 좋지 않아서 내원 환자 수가 떨어지게 되면 원장님들은 초조해진다.

여러 병원들이 그랬다. 워낙 사람들이 잘 다니지 않는 곳에 개원한 탓에 환자 수가 매우 적었다. 원장님은 의사로서의 사명감과 진료의 전문성에 대한 자신감만으로 병원을 잘 운영할 수 있겠다는 생각을 했지만 오판이었다. 현실은 참으로 냉혹했다. 환자들은 눈에 간판이 잘 들어오지 않는 병원을 찾아갈 리 만무했다. 한 병원장님이 필자에게 도움을 요청했다.

"이러다가 삼 개월 뒤에 문을 닫을 판입니다. 대표님이 대책을 세

위주세요."

그 병원은 전체 직원이 10명 정도로 작은 규모였다. 그 원장님은 최후의 수단으로 온라인 마케팅에 올인해 볼 생각이었다. 선택의 여지가 없었다. 그런데 막상 상담을 해보니, 그동안 쌓인 적자가 많아서 마케팅에 투자를 많이 할 여력이 되지 못했다. 원장님이 책정한 비용은 업계 최저였다. 통상 원장님이 이렇게 낮은 비용을 제시하면 마케팅사들은 고개를 절레절레 흔든다. 진행하기 힘들기 때문이다.

필자는 달랐다. 그동안의 온라인 마케팅 경력과 기술력으로 볼 때, 적은 비용으로도 마케팅을 하면 효과가 날 것이라는 확신이 들었다. 그래서 흔쾌히 저렴한 비용으로 마케팅을 진행하기로 했다. 필자는 내심, 빅피쳐를 그렸다. 이 병원이 나중에 잘 되면 더 많은 견적으로 마케팅을 진행하는 고객이 될 것이라고 보았다. 적은 비용이었지만 여러 가지 마케팅 작업을 해주었는데 결과는 대성공이었다. 조금씩 병원에 유입 환자가 증가하다가 수 개월 뒤에는 안정권에 올라섰다. 환자는 인근 지역은 물론 먼 거리 지역에서도 방문했다. 네이버 검색 상위권에 노출 시킨 키워드 온라인 마케팅의 쾌거였다.

지금 이 병원은 건물을 신축하였고, 직원 수는 10배 정도 늘었다. 여러 명의 페이닥터분들과 네트워크로 확장되어 나날이 성장하고 있다.

좋은 입지, 나쁜 입지가 예전만큼 큰 의미가 없다

● ● ●

이제는 좋은 입지가 병원의 성공을 결정하는 요소가 아니다. 설령 좋은 입지에 개원했다고 해도 병원 경영이 힘들어질 가능성이 있다. 가장 큰 이유는 개원하는 병원 수가 많아지는 것에 비해 진료수가가 낮아졌기 때문이다. 따라서 유동 인구가 많은 주요 상권, 역세권에 호기롭게 병원을 세워도 인근의 다른 병원들과 제 살 깎아 먹기식으로 출혈 경쟁을 할 수밖에 없는 현실이 되었다. 그래서 번화가에 즐비한 병원들은 화려한 겉보기와는 달리 속으로 끙끙 앓고 있다고 보는 게 맞다.

전국적으로 수많은 원장님들이 의욕적으로 개원을 하는 반면 현실의 높은 벽에 부딪혀 수많은 병원이 문을 닫고 있는 게 냉엄한 현실이다. 몇 가지 병의원을 예로 들자면 2022년 기준 병원은 90곳이 개원한 반면 87곳이 폐업했고, 의원은 2,078곳이 개원한 반면 1,032곳이 폐업했다. 치과병원은 11곳이 개원하고 9곳이 폐업했으며, 치과의원은 789곳이 개원하고 527곳이 폐업을 했다. 한방병원은 116곳이 개원하고 49곳이 폐업했으며, 한의원은 675곳이 개원하고 652곳이 폐업했다.

원장님들이 개원할 때 우선적으로 좋은 입지를 고려했겠지만, 그것만으로는 한계가 있다. 입지도 성공을 보장할 수 없다면 어떻게 대책을 세워야 할까? 이는 앞서 나쁜 입지로 인해 망해가던 병원의 성공사례를 통해서 찾을 수 있다. 바로 온라인 마케팅이다. 이제는 좋은 입지, 나쁜 입지가 큰 의미가 없기 때문에 병원의 안정된 경영을 위해서는 오직 온라인 마케팅만이 답이다.

스마트폰으로 검색하고 병원을 방문하는 환자들

요즘 환자들은 들고 다니는 스마트폰으로 언제 어디서나 즉각 네이버에서 검색하고 병원을 방문한다. 가령, 충치가 아프면 '충치+지역명'을, 허리가 아프면 '허리 통증+ 지역명', 여드름흉터가 심하면 '여드름 흉터+ 지역명'을 네이버에서 검색한 후 가까운 병원들 중에 한 곳을 선택하여 방문한다. 이는 온라인 소비자의 구매행동 단계인 '아이시즈(AISCEAS)'로 설명할 수 있다.

주목(Attention) ➔ 흥미(Interest) ➔ 검색(Search) ➔ 비교(Comparison) ➔ 검토(Examination) ➔ 구매행동(Action) ➔ 공유(Share)

온라인 소비자는 제품(증상을 진료할 병원)에 대해서 '주목'과 '흥미'가 생기면, 곧장 스마트폰으로 네이버 '검색'을 하여 병원들을 '비교'하고 '검토' 후에 한 곳을 방문하는 '구매행동'을 할 뿐만 아니라 구매경험에 대한 리뷰를 남기면서 다른 사람들과 '공유'한다.

따라서 네이버가 병원들이 온라인 마케팅을 펼칠 수 있는 최적의 플랫폼인 셈이다. 네이버에 있는 다양한 마케팅 툴을 잘 활용한다면, 아무리 나쁜 입지에 있는 병원이라고 해도 충분히 환자들에게 네이버 검색 시 노출이 될 수 있기에 꾸준한 환자 유입을 기대할 수 있다. 대표적으로 네이버 블로그, 네이버 플레이스, 네이버 지식인, 네이버 카페를 적극적으로 마케팅에 활용한다면 상당히 큰 효과를 볼 수 있다. 이와 함께 접속률이 높은 인스타그램, 유튜브를 마케팅에 활용한다면 더할 나위 없이 좋다.

현저히 저렴한 비용으로 높은 성과 내는 골드닥터스

대행사의 비용이 월 기준 300~390만원대인데 골드닥터스는 타 대행사에 비해 30~50프로 저렴하다. 업계에서 낮은 비용으로 치면 다섯 손가락에 들 정도다. 비용이 낮지만 성과가 매우 높다. 골드닥터스와 계약 전에는 신규환자 유입율이 27.3%이지만 계약 후에는 신규환자 유입율이 72.7%로 무려 45.4% 증가한다. 이는 골드닥터스가 수 백개 병원과의 계약 후에 만들어낸 실제 성과의 통계치이다.

개원하기가 두려운 원장님들, 안 좋은 입지로 인해 고충이 많은 원장님들에게 필자는 단호하게 말씀드린다.

"이제는 입지가 아니라 최적의 온라인 마케팅이 과학적인 데이터로 병원의 성공을 보장합니다."

02
마케팅 골든타임은 개원 전 45일

우리나라 병원의 의료 수준은 상당히 높다. 전국 어느 곳의 어떤 진료과목이든지 대부분 의사의 진료와 수술 실력은 대동소이하다. 의료기관의 진료와 수술 수준을 결정짓는 것은 의료 장비인데, 거의 모든 병원들이 첨단 장비들이 갖추고 있기 때문에 사실상 진료와 수술 실력에 별반 차이가 없다. 전국 병원들의 의료 기술 수준이 상향평준화가 된 것이다.

따라서 요즘 환자의 입장에서는 특별히 수술을 잘하는 곳, 혹은 최고 수술장비를 갖춘 곳을 찾아야 할 이유가 없다. 환자에게는 '명의'의 의미가 크게 와닿지도 않는다. 모든 의사들이 좋은 장비를 갖추어서 수술을 잘하는 뛰어난 실력을 갖고 있기 때문이다. 이와 더불어 요즘 환자들은 굳이 많은 시간을 낭비하면서까지 발품을 팔아서 싸면서도 좋은 병원을 찾으려고 하지 않고 있다. 거의 대부분 의료수가가 낮고 좋은 병원이기 때문이다.

요즘 환자들은 네이버 검색으로 빨리 병원을 찾아내어 그곳을 내원한다. 사실, 환자들도 네이버 검색 시 상단에 노출된 병원들을 보면서, 그것이 광고라는 점을 알고 있다. 그렇지만 광고라고 해서 나쁘게 보지 않는다. 환자들은 광고로 상위 노출된 병원들을 보면서 이런 생각을 한다.

'광고할 정도의 병원이면 수준 있는 병원일 것이다.'

치열한 광고 노출 전쟁이 벌어지는 네이버

• • •

일부 원장님은 여전히 온라인 마케팅을 주저하는 경우가 있다. 모 정형외과 원장님은 자기만의 탁월한 인공관절 수술 실력이 있다면서 광고의 필요성을 못 느꼈다. 그 원장님은 우물 안 개구리이다. 이미 인공관절 수술은 전국의 정형외과 대부분 병원에서 최고의 실력으로 해내고 있기에 환자들은 그 원장님의 수술 실력을 특별하게 생각하지 않는다.

모 피부과 원장님은 최근 수억대의 최신 장비를 도입한 후 최고급

장비를 홈페이지에 소개하여 환자들이 많이 유입되길 바랐다. 이 원장님도 현실을 까맣게 모르고 있다. 환자는 그 최신 장비가 무엇이며, 어떤 이득을 주는지에 대해 관심이 없기 때문이다. 화사하게 꾸며진 홈페이지에 생뚱맞게 올려진 차가운 기계 장비 사진 자체가 환자들에게 호감을 떨어뜨릴 여지가 있다.

환자들은 스마트폰으로 검색한 후, 상위에 잘 노출된 병원 가운데 한 곳을 선택하여 방문한다. 그래서 전국의 수많은 병원들이 네이버 플랫폼에서 치열하게 상위노출 광고 전쟁을 벌이고 있다. 환자가 검색했을 때 맨 위에 노출되는 것에 사활을 걸고 있다. 바쁜 사회생활을 하는 환자들은 많은 시간을 들여서 한가하게 검색되는 병원 여러 개를 일일이 클릭하려고 하지 않는다. 대부분은 최상단에 노출된 병원을 클릭하고 가격을 확인한 후 그곳을 내원하기 마련이다. 전국의 내로라하는 유명 병원들은 마케팅 역량과 자원을 최대치로 투자하여 네이버의 최상단 노출이 되었다고 볼 수 있다.

오프라인 마케팅,
온라인 마케팅 선택은 전략적으로

"다들 온라인 마케팅을 하는데 우리 병원도 대대적으로 진행해야겠어요."

경기지역의 한 내과의원 원장님이 상담 시 이런 요청을 해왔다. 그 내과의원은 아파트 단지 인근에 있었다. 온라인 마케팅을 주력으로 하는 필자의 입장에서는 그런 요청을 쌍수 들어 환영해야 할 것이다. 한 개의 병원이라도 더 계약을 따내어 온라인 마케팅을 해야 하는 것이 내 본업이기 때문이다. 그런데 필자는 막바로 그 요청을 받아들이지 않았다.

"혹시 건강검진센터가 있습니까?"

원장님은 없다고 말했다. 이에 필자는 소신 있게 이렇게 말했다.

"그러시다면 오프라인 마케팅을 100% 하시는 게 낫습니다. 이 말은 온라인 마케팅이 필요하지 않다는 말입니다."

필자가 온라인 마케팅을 고사한 이유는 이렇다. 지역에 있는 내과도 건강검진센터가 있느냐 없느냐에 따라 오프라인 마케팅과 온라인 마케팅의 비중이 다르기 때문이다. 내과에 건강검진센터가 있을 경우에는 많은 환자들이 주기적으로 대장, 위내시경 검사 등을 받으러 방문하게 된다. 따라서 오프라인 마케팅 비중을 50%로 하고 온라인 마케팅 비중을 50%로 하는 게 바람직하다. 건강검진센터가 없을 때 내과는 인근 지역 환자 대상으로 한 동네 장사와 마찬가지다. 오프라인 마케팅에 전력을 다해야 한다. 오프라인 마케팅을 100% 하고 온라인 마케팅을 할 필요가 없다. 판촉물을 나눠주는 것에서부터 아파트 단지, 마트, 버스 등에 꾸준히 광고를 해야 한다. 그래야 그것을 보고, 환자들이 내과로 유입한다.

병원마케팅의 핵심이 온라인 마케팅이라는 것은 부정할 수 없는 사실이다. 그런데 오해하지 말아야 할 것이 있다. 아무리 온라인 마케팅이 중요하다고 해도 오프라인 마케팅을 도외시하면 안 된다는 점이다. 의원급이냐, 병원급이냐 병원 규모에 따라서, 그리고 어떤 진료를 하느냐 진료과목에 따라서 오프라인 마케팅과 온라인 마케팅의 비중을 전략적으로 짜야 한다. 10년 이상 수많은 병원마케팅을 해온 필자의 관점에서는 주요 병원들의 오프라인 마케팅과 오프라인 마케팅의 황금비율이 이렇다고 본다.

척추관절 병원은 대체로 오프라인 마케팅 30%, 온라인 마케팅 70%로 하는 게 좋다. 피부과, 성형외과는 온라인 마케팅 100%로 하는 것이 바람직하다. 특히 성형외과는 해외환자를 유치해야 하므로 온라인 마케팅이 절대적으로 중요하다. 한의원은 어떨까? 지역 기반일 경우, 예를 들어 인천 남동구에 있는 한의원이라면 오프라인 마케팅 40%, 온라인 마케팅 60%를 권장해드린다. 지역 오프라인 광고를 통해서 유입되는 환자도 있고, 검색해서 방문하는 환자도 있기 때문이다.

특화된 진료 항목을 내세운 한의원의 경우에는 다르다. 교통사고 한의원이나 다이어트 한의원은 전국적으로 혹은 시 전체 단위로 하기 때문에 오프라인 마케팅은 접고 온라인 마케팅에 100% 올인하는 것이 바람직하다.

마케팅 골든타임은 개원 전 45일

• • •

온라인 마케팅은 개원 전에 시간적 여유를 넉넉히 갖고 시작하는 것이 좋다. 그런데 평균적으로 대다수 원장님들은 개원 후 매출이 저조해서 고민이 될 때 급히 알아보는 경우가 많다. 일부 병원은 다른 마케팅사와 계약을 맺었지만 결과가 불만족스러워서 다른 곳으로 바꾸기도 한다.

무슨 일이든 차근히 준비하여 신중히 결정하는 것이 중요하다. 급하게 마케팅사를 알아보거나, 다른 곳으로 바꿀 경우에는 그 마케팅사가 마케팅의 핵심인 경쟁 키워드를 만들어 노출을 잘 해주는지를 확실하게 검토해야 한다. 수많은 레퍼런스(거래처)를 보여주어야 하고, 또한 마케팅사 자체가 검색 시 상위노출이 잘 된다는 것을 스스로 증명할 수 있어야 한다. 자기도 1등 노출을 못하면서 병원을 노출 1위로 만든다는 것은 어불성설이기 때문이다.

그러면 개원 전 어느 시점에 마케팅을 하는 게 좋을까? 이는 딱 부러지게 말해서 45일이다. 30일도 아니고 20일도 아닌 정확히 45일이 최적기이다. 이 정도의 준비 기간이 있어야, 콘텐츠와 이미지, 그리고 원장님의 요청을 충분히 살릴 수 있는 깔끔한 원고가 효과적으로 나온다.

이미지의 경우 공장처럼 찍어내거나, 로고나 이름만 바꿔서 짜깁

기하는 것을 지양해야 한다. 요즘 환자 고객들은 시각 이미지에 대한 안목이 상당히 높기 때문에 저품질 이미지는 반감을 줄 수 있다. 원장님만의 차별화된 브랜드 이미지를 만들려면 직접 이미지를 자체 제작해야 한다. 그래서 시간이 걸린다. 골드닥터스의 경우, 여러 대형 프랜차이즈 병원의 마케팅을 진행했기에 유료 이미지 회사(게티이미지뱅크, 클립아트코리아)와 최고등급의 라이센스를 맺고, 최고 퀄리티의 이미지를 사용하고 있다. 골드닥터스가 대한민국에서 안 만드는 콘텐츠가 있어도 못만드는 콘텐츠가 없다. 그래서 마케팅을 하는 의원급 병원들의 이미지의 수준도 최고다.

이미지는 기본 제작 기간이 20~25일인데 여기에 교정을 보는 기간에다 원장님의 추가 요청사항을 반영하는 시간이 더 들어간다. 이렇게 해서 끝나면 얼마나 좋을까? 여기에다 의료협회의 심의 시간이 소요된다. 한 번에 심의 통과가 되면 좋겠지만 그렇지 않고 반려가 되면 재심의를 하는 데 또 2~3주가 소요된다. 재심의도 여러 차례 반복되는 일도 있어서 의협심의 기간만 한달 가량 걸리기도 한다.

개원 첫날부터 환자 유입을 바란다면

• • •

개원 준비를 모두 마친 후 개원 며칠 전에 마케팅사를 알아보려고 하는가? 길거리에 간판을 다는 것과 동시에 환자들이 방문하겠지라고 생각하는가? 이는 실로 위험천만한 일이 아닐 수 없다. 병원 문을 여는 첫날부터 환자들이 유입되는 것을 바란다면, 개원 전 45일부터 온라인마케팅을 준비해야 한다. 광고 효과를 보려면, 개원 45일 전에 충분한 준비를 해야 한다. 원장님이 모든 개원 준비를 한 후, 개원 45일 전에 마케팅하면 오픈과 동시에 많은 환자가 유입된다.

03
마케팅대행사, 마케팅실행사 어디가 좋을까?

원장님들이 마케팅을 하려고 네이버에서 '병원마케팅'이라고 검색하면 무수히 많은 마케팅사가 나온다. 가장 먼저 최상단에 골드닥터스가 눈에 들어온다. 앞서 말했듯이 병원 온라인 마케팅의 핵심이 최상단 노출인데, 골드닥터스는 스스로 최상단 노출 1등을 해내는 업체다. 원장님들은 골드닥터스를 보고 나서 밑으로 내려가면서 하나씩 다른 마케팅사들을 살펴본다.

키워드 검색으로 뜬 관련 마케팅업체 수가 무려 300여 개나 나온다. 모든 업체들이 실력이 있다면서 병원 매출을 몇 배씩 올려주겠다고 호언장담을 하고 있다. 규모가 크고 작은 수많은 마케팅업체들은 각기 어떻게 다른지 알기 어려워서 어떤 마케팅사를 선택해야 할지 잘 판단이 서지 않는다. 엄격히 보면, 검색된 업체들은 '마케팅실행사'와 '마케팅대행사' 두 개로 분류를 할 수 있다.

- 마케팅실행사(골드닥터스): 모든 광고를 자체적으로 직접 실행하는 회사(실시간소통 가능, 광고비용 저렴)
- 마케팅대행사(광고대행사, 홈페이지 업체 등): 광고를 직접 실행하지 않으며 중간 수수료로 수입을 올리는 회사(실시간소통 불가, 광고비용 높음)

광고대행사 하청업체에서
1등 실행사가 된 골드닥터스

• • •

현재, 골드닥터스는 마케팅실행사이다. 골드닥터스는 2013년 11월에 세워져서 10년간 지금까지 탄탄하게 운영되어오고 있다. 처음에는 마케팅대행사로부터 하청을 받는 업체로 출발했다. 현재도 강남의 유명 병원의 마케팅을 대행사로부터 하청받아 진행하는 것이 있다. 그 병원 원장님은 이 사실을 모르고 있다.

골드닥터스는 숨은 실력자로 소문이 났고 대행사로부터 많은 광고 건을 수주받아서 진행해 왔다. 필자가 작업한 광고 건이 상위노출 1위가 되는 일이 빈번했고 그때마다 일에 대한 보람과 자부심을 느꼈다. 그런 어느 날부터 원장님들이 이구동성으로 푸념하는 것을 접하게 되었다.

"온라인 마케팅 비용이 비싸도 너무 비쌉니다. 실장 한 명을 채용한 것처럼 매년 사천만 원에서 오천만 원의 비용이 나가게 돼요. 그렇다고 마케팅을 안 할 수도 없다 보니 참으로 속상하네요."

실제로 대행사의 경우 월 기준 300 ~ 390만원대의 광고비가 나온다. 그런데 대행사가 중간마진을 150만원 정도를 떼간 후 하청업체에 200만으로 광고를 의뢰한다. 그 결과 원장님은 광고비가 큰 부담이 되었고, 하청업체는 최저 수준의 비용으로 광고를 하는 구조가 만들어진 것이다.

이때, 필자는 고민 끝에 원장님에게 거품을 빼서 저렴한 비용으로 양질의 마케팅을 진행해주기로 결단을 내렸다. 이는 곧 대행사의 하청업체에서 벗어나 직접 병원과 1대1로 계약을 맺고, 마케팅하는 실행사로 탈바꿈하기로 한 것이다. 곧바로 대대적으로 온라인 마케팅 실행사로서 골드닥터스를 네이버, 구글에 광고하기 시작했다. 영업도 직접 뛰었다.

코로나가 창궐하던 시기였다. 이때가 골드닥터스에게는 기회가 되었다. 경기가 안 좋아진 병원 원장님들은 골드닥터스를 쌍수 들어 환영했다.

"가성비가 너무 좋네요. 단돈 150~200만원으로 이렇게 탁월한 광고를 할 수 있다니 너무 좋습니다. 더욱이 노출이 안 되면 100% 환불

한다는 조항이 전자계약서에 명시가 되어 있어서 믿음이 가네요. 자신감이 없으면 이런 조항을 계약서에 넣기가 쉽지 않을 텐데요."

골드닥터스는 불경기인 코로나 시국에 매출이 크게 늘어 6~7배 성장했다.

마케팅실행사를 선택해야 하는 이유 3가지

온라인 마케팅을 하는 원장님들은 마케팅실행사와 마케팅대행사 둘 중에 한 곳을 선택하고 있다. 기본적으로 병원의 규모와 진료 특성, 마케팅 비용 책정, 원장님의 마케팅 관점에 따라 둘 중 어느 곳을 선택하게 된다. 그런데 일부 원장님은 마케팅실행사의 장점을 모른 채 무턱대고 마케팅대행사와 계약을 맺는 일이 있다. 여기서 꼭 마케팅실행사를 선택해야 하는 이유 3가지를 짚고 넘어가자.

첫 번째, 마케팅 비용이 저렴

규모가 크고 이름있는 마케팅대행사와 계약을 맺으면 광고를 잘 할 것 같은 기분이 들 수 있다. 이는 검증이 되지 않는 것이므로 냉정해질 필요가 있다. 게다가 광고비가 상당히 높게 책정이 된다. 앞서 설명했듯이, 마케팅대행사는 많은 비용(월 350만원 가량)을 받고, 중간 마진을 150만원이나 떼먹고 200만원을 하청업체에 주고 마케팅 업무를 시킨다. 마케팅은 하청업체가 다 한다고 보면 된다.

실제로 마케팅을 하는 데 들어가는 비용은 하청업체가 받는 비용 200만원이면 된다. 따라서 원장님 입장에서는 굳이 마케팅대행사와 계약을 맺을 필요가 없다. 다년간의 성과로 실력이 검증된 마케팅실행사가 저렴한 비용으로 마케팅을 효율적으로 확실하게 해낸다.

두 번째, 의사소통이 빠르고 긴밀함

다른 마케팅사를 하다가 만족하지 못해서 골드닥터스를 찾아온 원장님들이 많다. 이 원장님들이 공통적으로 하는 말이 있다.

"노출이 어떻게 되는지 실시간으로 작업내용을 보여주지 않네요."

"요청 하나를 하면 답변을 받는 데 며칠이 걸려서야 되겠습니까?"

"마케팅사에서 보고를 한 달에 한 번꼴로 하는데 한달 동안 어떤 변동이 있는지 알 수가 없어서 너무 답답합니다."

마케팅대행사와 계약을 맺어서 이런 일이 생겨났다. 마케팅대행사가 병원과 실무를 진행하는 마케팅실행사(하청업체) 사이에 끼어있기 때문이다. 병원이 직접 마케팅실행사와 소통하지 못하고, 중간에 마케팅대행사를 거쳐서 소통을 해야 하는 구조다. 따라서 병원의 요청에 대한 마케팅대행사의 피드백이 삼사일 늦게 나온다. 병원의 요청을 받은 마케팅대행사가 마케팅실행사에 전달하고 이에 대한 피드백을 받은 후 다시 이를 병원에 전달하기 때문이다.

마케팅실행사는 다르다. 병원과 직접 의사소통을 하므로 즉각적으로 전략 수정 및 빠른 피드백이 가능하다. 원장님이 어떤 요청을 할 경우 이에 대한 피드백이 즉각 나온다고 보면 된다. 원장님 입장에서는 병원 운명을 좌지우지하는 마케팅이 어떻게 돌아가는지를 매 순간 파악할 수 있고, 피드백을 빠르게 받을 수 있어서 좋다.

세 번째, 병원 전문성과 강한 책임감

규모가 큰 마케팅대행사는 통상적으로 여러 사업 분야의 온오프 마케팅을 담당하는 경우가 많다. 막상 병원마케팅을 한다고 해서 사이트에 들어가 보면 패션업, 외식업, 금융업 등 다양한 사업 분야를 담당하면서 온라인과 함께 오프라인 마케팅을 하는 일이 있다. 여기서 원장님들이 신중히 판단해야 한다. 여러 분야를 다루는 마케팅사가 병원마케팅을 잘 할 것인가? 병원마케팅의 한 우물만 파는 마케팅사가 병원마케팅을 잘 할 것인가?

이에 대한 답은 이견이 없을 줄 안다. 그렇다. 오랫동안 병원 온라인 마케팅만을 해온 업체가 당연히 전문성이 있어서 최상단 노출을 해낼 수 있다.

이와 더불어 병원에 대한 지식 정보가 잘 갖춰져 있기에 의료법에 대한 문제가 생길 염려가 없다. 이 분야 저 분야 마케팅을 하는 마케팅대행사는 병원분야의 특수성과 의료법에 대한 이해도가 떨어진다. 그래서 마케팅대행사와 온라인 마케팅을 진행했다가 의료법 위반에 걸리는 문제가 심심치 않게 발생하고 있다. 그러면 의료법 위반은 누가 책임을 질까? 이때 마케팅대행사는 쏙 빠지고 병원이 고스란히 책임을 지게 되는 일이 빈번하다.

마케팅실행사는 병원마케팅에 대한 많은 경험과 차별화된 전문성을 가지고 있다. 그래서 병원마케팅을 효과적으로 잘 진행하여 상위 노출 성과를 낸다. 이와 더불어 책임감을 갖고 절대 의료법 위반에 걸리는 일이 없이 마케팅을 진행한다.

네이버에는 수도 없이 많은 마케팅업체가 난립해 있다. 크게 마케팅대행사와 마케팅실행사로 나뉘는데, 이 가운데 어느 곳을 선택해야 할지에 대해 충분히 설명을 해드렸다. 저렴한 비용, 빠르고 긴밀한 의사소통 그리고 병원 전문성과 책임감이 있는 곳과 마케팅을 하면 결코 후회하는 일이 없을 것이다.

04
병원 온라인 마케팅사
선택의 5가지 조건

"대표님, 병원 마케팅사가 무수히 많은데 어떤 곳과 계약을 해야 할까요?"

원장님들이 종종 이런 문의를 필자에게 해온다. 필자는 덮어놓고 골드닥터스를 선택하시라고 말씀드리지 않는다. 필자는 원장님 입장에서 현명하게 병원 마케팅사를 선택할 수 있도록 아낌없이 다양한 조언을 해드린다.

이때, 원장님들이 병원 마케팅사를 선택할 수 있는 5가지 조건을 알려드린다. 이는 필자가 10년 이상 병원 온라인 마케팅의 한 분야에 일관되게 종사해온 한 사람으로서 많은 경험을 축적한 바탕에서 정리해낸 것이다. 환자 입장에서도 병원을 현명하게 선택하는 조건이 있다. 마찬가지로 원장님이 병원 마케팅사를 현명하게 선택할 수 있는 5가지 조건이 있다. 이를 잘 숙지한다면, 시행착오 없이 만족스러운 성과를 낼 수 있다.

키워드 최상위 노출

병원 마케팅사는 다들 최상위 노출을 광고한다. 원장님의 병원을 당장 키워드 1등 노출을 만들어낼 것처럼 호들갑을 떤다. 그러면 원장님은 어느 병원을 선택해야 할까? 답은 명확하다. 필자는 원장님들에게 이런 말씀을 드린다.

"본인 회사도 키워드 노출 1위를 못하면서 병원을 키워드 노출 1위를 한다는 게 말이나 되겠습니까? 본인 회사가 노출 1위를 못하면서 원장님 병원을 노출 1위로 만들겠다는 것은 허위 과대광고입니다. 본인 회사 광고를 못하면 병원도 광고를 못하는 게 당연하죠."

원장님들은 병원마케팅사를 검색해보면 된다. '병원마케팅' 키워드 검색시 최상단 노출이 되느냐 그렇지 않으냐를 보고 결정하면 된다. 검색 시 최상단 노출 1등이 되는 병원 마케팅사는 틀림없이 원장님의 병원 광고를 1등으로 해준다.

풍부한 성공 레퍼런스

• • •

상당수 병원 마케팅사는 거래처를 공개하지 않는 경우가 있다. 이를 근사하게 포장하여, 비밀유지 계약서 때문이라고 말하곤 한다. 그렇다면 원장님은 뭘 보고 판단을 해야 할까? 현실적으로 판단의 기준이 될 레퍼런스가 없기 때문에 모 아니면 도가 될 가능성이 없지 않다. 이런 곳은 피하자.

투자한 만큼 충분히 마케팅 효과를 보고자 한다면, 풍부한 성공 레퍼러스를 보여주는 곳과 계약을 하자. 자신감이 있는 마케팅사는 사이트 전면에 거래처 병원 리스트를 보여준다. 그 쟁쟁한 병원들의 이름과 그 병원의 마케팅 성과를 확인 후, 안전하게 병원 마케팅사를 선택하는 것이 좋다.

골드닥터스는 실시간으로 홈페이지 거래처 병원 이름을 공개한다. 수백 개의 병원 리스트가 투명하게 공개되어 있는데, 매일 계약이 된 전국의 다양한 진료과목의 병원 이름이 올라가고 있다.

계약은 6개월, 비용은 분납

• • •

마케팅은 한 달 두 달 해서 금세 효과가 나타나는 게 아니다. 일부 원장님은 여러 가지 사정으로 3개월 정도 마케팅을 하고자 하는데 이는 별 효과가 없다. 그런데도 일부 마케팅사는 3개월 계약을 내걸고 있다. 이런 곳의 특징은 비용을 계약 시 전액 지불하는 조건이다. 그러면 어떤 문제가 발생할까? 나중에 만족스러운 결과가 안 나와 원장님이 계약 파기를 하려고 할 때 비용을 한 푼도 돌려받지 못하게 된다.

어떤 곳이 좋을까? 계약기간은 최소 3~6개월로 하고 비용은 월 분납 조건을 낸 병원 마케팅사가 바람직하다. 6개월이라는 기간이면 실력자가 충분히 실력을 발휘하고도 남는 기간이다. 또한 이 기간에 분납을 하고 나중에 계약파기시 잔금 지불하지 않는 조건을 택하는 것을 추천해드린다.

골드닥터스는 평균 6개월 계약기간을 내걸고 있다. 더욱이 골드닥터스는 전자계약서에 노출 광고가 안 될 경우 100% 전액 환불을 한다는 조항이 있다.

병원 분야의 업력

• • •

특히, 병원마케팅은 의료법을 주의해야 하는 분야다. 아무리 마케팅사가 99가지를 잘해도 의료법 1가지에서 실수를 범한다면, 그 마케팅사는 존재 가치가 없다. 그 마케팅사는 병원 분야에서 문을 닫아야 한다. 다른 사업 분야는 관련 법규가 그렇게 까다롭지 않다. 그런데 병원 분야는 유독 의료법 조항이 세세하고, 일부 조항은 자꾸 바뀌어서 혼돈스럽다. 어느 정도 경력 있는 병원마케팅 관계자도 늘 공부하고 준비하지 않다가는 의료법 위반을 하게 되는 일이 비일비재하다.

의료법은 병원마케팅사가 잘 준비한다고 해서 끝나는 게 아니다. 병원들끼리의 경쟁이 치열하다보니, 인근 경쟁 병원에서 혹은 그 병원의 마케팅을 담당하는 회사에서 수시로 보건소에 민원을 넣는 일이 있다. 따라서 이런 일이 생길 때 안정적으로 능숙하게 법률적인 처리를 할 수 있는 업력이 긴 병원 마케팅사를 선택하는 것이 좋다.

실시간 의사소통

이에 대해서는 앞서 '마케팅 대행사와 마케팅 실행사'를 설명할 때 언급했다. 마케팅대행사보다는 마케팅실행사가 빠르게 즉각적으로 피드백을 받을 수 있다. 원장님들이 제일 신경 쓰고 있는 것이 온라인 마케팅인데, 이에 대한 피드백이 느리면 엄청 스트레스를 받는다.

특히, 마케팅실행사에서도 실시간 의사소통을 잘하는 곳을 선택하는 것이 중요하다. 말로만 실시간 의사소통을 내세운 곳이 아닌 실시간 의사소통 시스템이 마련된 곳을 선택하자.

객관적으로 원장님 입장에서 최고의 온라인 병원 마케팅사를 선택할 수 있는 5가지 조건을 알려드렸다. 이 5가지 조건을 충족하는 회사와 마케팅을 진행한다면 최고를 성과를 예상할 수 있다. 진료로 힘들고 시간적 여유가 없는 원장님들, 어느 마케팅사를 골라야 할지 엄두가 서지 않는다면 이 5가지 조건을 명심하자. 그러면 현명하게 병원 온라인 마케팅사를 선택할 수 있다.

05
골드닥터스의 압도적인 탁월성 3가지

"지금 의뢰해도 대기기간이 무려 한 달입니다."
"급이 다른 병원마케팅을 보여드립니다."
"광고 의뢰가 폭주해오고 있습니다."

골드닥터스의 상담 직원이 고객에게 하는 말이다. 이 말에는 추호의 과장이 없다. 실제로 매일 같이 전국의 다양한 진료과목의 원장님들이 많은 전화 문의를 해오고 있어서 감당이 되지 않을 정도이다. 하지만 골드닥터스는 초심을 잃지 않고 의뢰 건 하나 하나를 착실하게 진행해드리고, 원장님을 만족스럽게 만들어드리고 있다. 비용이 적든 많든, 신규 고객이든 장기 고객이든 상관없이 모두 함께 머리를 맞대고 연구하면서 최고의 결과를 내고 있다.

이 과정에서 원장님들이 고맙다는 피드백을 많이 보내주신다. 특히, 필자에게는 다른 곳과 진행했다가 실망한 나머지 골드닥터스로 병원 온라인 마케팅사를 바꾼 원장님들의 피드백이 감동적으로 다가온다.

"왜 원장님들 사이에 골드닥터스가 입소문이 났는지 이유를 알겠네요. 정말 골드닥터스는 약속대로 압도적인 상위노출을 해내는 곳이라는 것을 경험했어요. 진작에 이곳을 알았더라면 시간과 돈, 정신적 에너지 낭비를 피할 수 있을 텐데요. 아무쪼록 이제는 매출 걱정 크게 하지 않아도 되고 나는 오로지 진료에만 전념하면 되겠습니다."

필자는 이런 말을 들을 때마다 보람과 함께 자부심을 느낀다. 골드닥터스가 타 마케팅사를 제치고 압도적인 업계 1위가 될 수 있는 이유가 뭘까? 이는 3가지로 요약이 된다.

최저임금 비용으로 통합 마케팅 최고 성과를

● ● ●

광고와 소문을 듣고 골드닥터스를 내방한 원장님들은 하나같이 놀란다. 수십 명의 직원들이 두 개의 사무실에서 근무하고 있기 때문이다. 원장님들은 많은 인력을 쓰고 있는데 어째서 이렇게 비용이 저렴하느냐며, 이 비용을 받고도 회사가 돌아가냐고 걱정을 하기도 한다.

타 마케팅사의 경우 팀장 임금인 월 350~450만원의 비용을 요구하는 경우가 많다. 하지만 골드닥터스는 저비용으로 고효율을 창출해내고 있다. 다행히 고객 병원들은 수백여 개가 되기 때문에 저렴한 비용을 받고도 충분히 회사가 운영이 되고도 남는다. 또한 최고 광고 실적을 통해 매출이 향상된 원장님들이 장기적으로 마케팅 의뢰를 해주시고 있다.

원장님 입장에서 최소 비용으로 골드닥터스와 계약을 한다면 자체 병원에 경력 마케팅 직원을 한 명 둔 것보다 훨씬 비용이 싸다. 골드닥터스는 저비용으로 다양한 마케팅 채널을 통합적으로 책임지고 담당해드린다. 블로그, 카페, 네이버 플레이스, 인스타그램, 페이스북 등 여러 마케팅을 통합적으로 진행하는 골드닥터스는 최소 비용으로 모두 해드린다.

타사의 추종을 불허하는
압도적인 상위노출 및 콘텐츠 발행량

• • •

원장님들이 제일 바라는 것이 최상위 노출이다. 네이버 검색시 최상위노출은 곧 매출 신장과 직결이 되기 때문에 모든 원장님들은 온라인 병원마케팅사에게 이것을 바라고 있다. 골드닥터스가 병원 노출

1등을 해낸다는 것에 조금이라도 의심이 있는 원장님에게 필자는 이런 말씀을 드린다.

"지금 당장 네이버에서 '병원마케팅' 키워드 검색해보십시오. 노출 1등인지 아닌지 확인하십시오. 골드닥터스는 스스로를 노출 1등 하는 능력으로 병원 1등을 해드립니다. 광고가 안될 시 100% 전액 환불을 약속합니다."

이러한 놀라운 성과는 어설픈 실력으로 하루아침에 만들어지지 않는다. 압도적인 노출 1등을 해낼 수 있는 것은 체계적인 온라인 마케팅 프로세스를 갖추고 많은 콘텐츠를 발행하기 때문이다. 골드닥터스의 모든 고객 병원들은 이 프로세스를 통해 과학적으로 마케팅을 진행하고 있다.

STEP 01. 상담 및 병원 분석
각 병원의 성격과 마케팅 목적에 따른 맞춤형 상담을 제공하고, 골드닥터스만의 숙련된 노하우를 통해 통찰력 있는 분석 수행.

STEP 02. 기획 및 플랫폼 선정
철저한 분석을 거쳐 도출된 결과를 기반으로 최적의 플랫폼을 선정하고, 효과적인 마케팅 전략 기획.

STEP 03. 마케팅 전략 실행

선정된 플랫폼을 가장 효과적인 방향으로 운영하고, 계획한 마케팅 전략을 성공적으로 실행.

STEP 04. 마케팅 결과 분석

마케팅 결과의 정밀분석을 통해 성과를 정확히 측정하고, 개선점을 파악하여 향후 전략에 반영.

실시간 단톡방 보고체계 시스템

• • •

골드닥터스의 우수성에서 빼놓을 수 없는 것이 실시간 단톡방 보고체계 시스템이다. 이는 타사가 감히 넘볼 수 없는 골드닥터스만의 차별화된 의사소통 시스템이다. 이를 간단히 설명하면 이렇다.

'병원 관계자와 병원마케팅에 특화된 골드닥터스의 담당자들이 최소 7명에서 최대 15명까지 상황에 따라 배정이 되어, 카카오톡으로 실시간 소통과 피드백이 가능한 단톡방 시스템이다.'

단톡방에는 병원에서 실장님, 마케팅 담당자 그리고 원장님이 들어온다. 여기에다 골드닥터스에서는 마케팅 담당자들 다수가 들어오는데 대표인 필자가 들어오는 경우도 있다. 단톡방에서 실시간 소통을 하기 때문에 모든 의사소통이 즉각적이며 오차가 없이 전달이 된다. 다른 마케팅사에서는 원장님 요청의 피드백이 며칠 걸리는 일이 다반사이지만, 골드닥터스에서는 이 단톡방이 있기에 실시간으로 금방 이루어진다.

매일 오전에 골드닥터스는 단톡방에서 보고를 드리고 있다. 원장님이 9시에 출근해서 진료를 보기 전에, 실시간 노출 순위, 병원 평판(리뷰어)에 대해 보고받는다. 원장님은 정확한 수치가 나온 자료를 보고 나면, 매출에 대한 확신을 가질 수 있다. 이와 더불어 안 좋은 리뷰가 나올 경우 이를 원장님에 보고해 드린다. 그러면 원장님은 이에 대한 대책을 세울 수 있다.

병원에서는 계절별로 이벤트를 많이 하므로 주기적으로 홈페이지와 블로그를 수정하거나 혹은 새로 이미지를 만드는 일이 생긴다. 이때마다 실무진이 마케팅사에 수정 요청을 해온다. 자칫 의사소통이 차일피일 지연될 경우, 해당 기일을 놓쳐버리는 일도 있다. 하지만 골드닥터스는 단톡방에서 실시간 의사소통을 하므로, 차질없이 기한에 맞게 요청대로 해드린다.

실제 골드닥터스의 단톡방 사례를 3개의 이미지로 보여드린다. 이처럼 실시간으로 긴밀하게 소통이 이루어지기 때문에 원장님들이 무척이나 좋아한다.

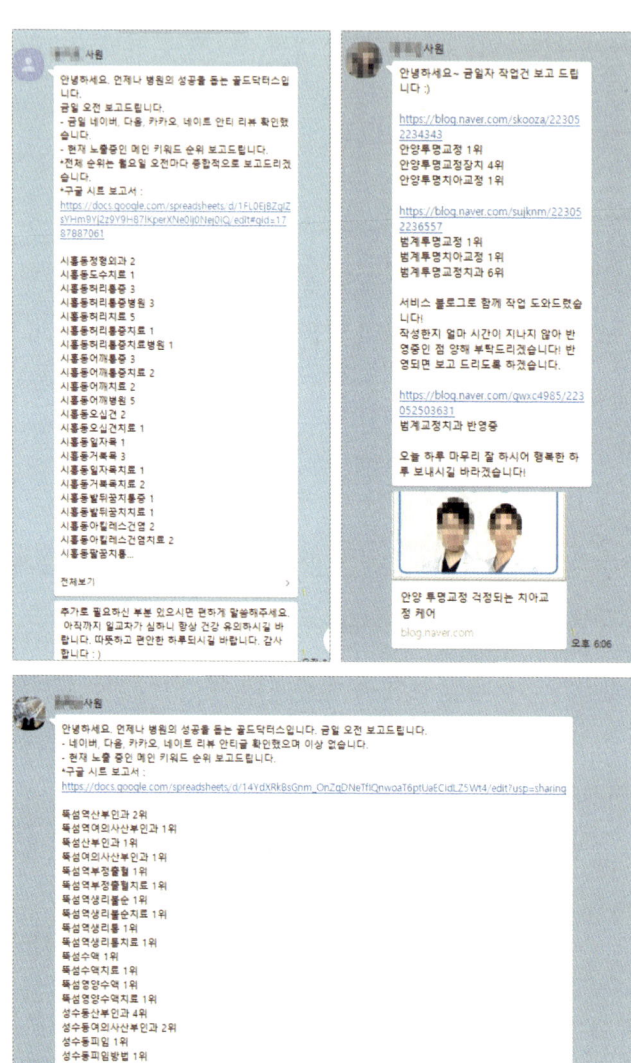

상위 10% 의원을 보장하는 골드닥터스

● ● ●

갈수록 의료기관 숫자가 늘어나면서 지역 병원들의 경쟁이 치열해지고 있다. 2016년 기준, 상위 10% 의원이 급여비 35%를 차지했다고 밝혀졌다. 이는 잘 되는 의원들 10%가 전체 의원 매출액의 35%를 가져간다는 말이다. 개원가는 나날이 빈익빈 부익부가 심화되고 있다. 자칫 원장님이 방심하다가는 하루 평균 3곳가량 문을 닫는 동네 의원의 대열에 끼일 수 있다. 이런 현실에서 필자는 원장님에게 이 말씀을 드리고 싶다.

"상위 10%에 들고 싶습니까? 그러시다면 망설임 없이 선택하십시오. 압도적인 상위노출 1등을 해내는 골드닥터스를."

HOSPITAL MARKETING

· 2부 ·

네이버 블로그 마케팅 전략

01
왜, 원장님들이 블로그를 할까?

"병원 브랜드 블로그 만들어야겠어요."
"블로그를 시작해서 마케팅을 하고 싶습니다."

새로 개원한 원장님들이 필자에게 해오는 말이다. 이는 개원세미나를 참석했을 때도 마찬가지다. 거액을 대출받으려고 애쓰는 원장님들은 이구동성으로 네이버의 블로그를 해야겠다고 말한다. 누가 시킨 것도 아닌데 왜 그럴까?

이 원장님들은 지인 원장님들이 네이버 블로그를 통해 마케팅 효과를 톡톡히 내는 것을 잘 알고 있기 때문이다. 따라서 온오프 마케팅 채널이 무수히 많지만, 딱 하나 '블로그'를 해야 한다는 생각을 가지고 있다.

이제는 온라인 마케팅사 대표로서 굳이 원장님들에게 네이버 블로그를 강조하지 않더라도, 거의 모든 원장님들이 네이버 블로그 광고의 중요성을 잘 알고 있다. 예외적인 경우가 있다. 동네 내과는 지역 오프라인 광고만 해도 충분하며, 대형병원은 막대한 자금력과 전문인력을 바탕으로 네이버 유료 광고인 파워링크를 비롯해, TV 광고, 지하철 광고 등 다른 광고 채널을 활용할 여지가 많다. 그런데 대부분 수억에서 십억 원대의 대출을 받고 개원하는 수많은 개원병원은 투자 대비 효과 면에서 오로지 네이버 블로그가 가장 확실한 마케팅 수단이다.

환자들이 병원을 찾는 검색엔진 네이버

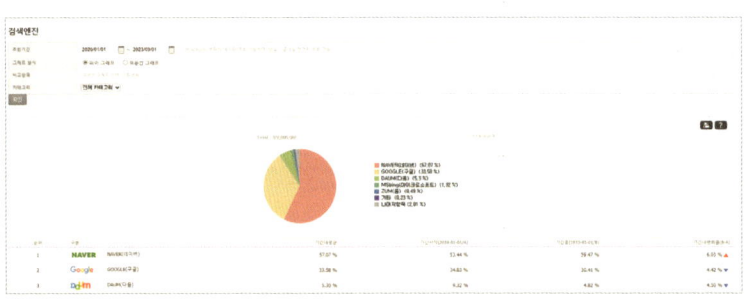

2020년 1월 1일부터 2023년 3월 1일까지 검색엔진 시장 점유율이다. 이는 비즈스프링의 인터넷트렌드(http://www.internettrend.co.kr/

trendForward.tsp)의 자료다. 이에 따르면, 네이버가 57.07%로 1위이고, 구글이 33.58%로 2위이며, 다음이 5.30%로 3위다. 여전히 우리나라 사람들의 검색 의존도가 높은 것이 포털 사이트 네이버임을 알 수 있다. 특히 일상생활에 필요한 지역 정보, 상품, 병원, 약국 등에 대한 검색 비율은 네이버가 거의 독식하고 있다고 해도 과언이 아니다. 우리나라 사람은 식당, 영화관, 신상품, 병원, 약국을 찾기 위해 구글을 하는 경우가 없다, 거의 모든 사람들이 네이버로 검색한다고 보면 된다.

따라서 환자들이 네이버 검색을 할 때 병원이 첫 페이지의 상단에 노출이 된다면, 그곳으로 내원할 가능성이 매우 높다. 검색할 때 첫 페이지에 나오지도 않고 시간을 들여서 여러 페이지를 살펴보아도 노출이 되지 않는다면, 환자들이 그 병원의 존재를 알 수 없다. 환자는 검색시 뜨는 여러 병원들 중에 한 곳을 선택하고 내원한다. 따라서 네이버 검색 의존도가 매우 높은 환자 입장에서는 검색 시 즉각 노출되지 않는 병원은 사실상 없는 것이나 마찬가지다.

병원 마케팅사를 찾는 원장님은 어떨까? 골드닥터스를 찾는 원장님들도 네이버 검색을 한다. 현재 골드닥터스의 고객 원장님들 중 일부는 소개를 받은 경우도 있지만 대부분은 네이버 검색을 하고 연락을 해온다. 마케팅이 절실한 원장님들은 곧바로 네이버 검색을 한 후, 첫 페이지의 최상위에 노출되는 마케팅사를 선택한다.

영상 중심의 유튜브와 이미지 중심의 인스타그램이 우리나라 사람들이 많이 사용하는 SNS인 것은 사실이다. 하지만 설령 환자들이 유튜브, 인스타그램에서 병원을 찾았다 하더라도, 네이버에서 검색한 후 상세하게 진료과목, 비용, 위치, 리뷰 등을 살핀 후에 최종적으로 선택한다.

네이버 알고리즘으로 잘 노출되는 블로그

• • •

검색엔진 네이버의 특징은 구글과 검색 결과를 비교해보면 확연하다. 구글은 타 사이트의 블로그에 올린 자료도 다양하게 노출이 되는 반면, 네이버는 자체 생태계 내의 자료에 한정하는 경향이 있다. 네이버는 다음, 구글의 자료보다 자사 플랫폼의 콘텐츠 위주로 검색 결과를 보여 준다.

이런 이유로 해서 네이버 검색 시 노출이 되려면 네이버의 플랫폼에 콘텐츠가 작성이 되어야 한다. 네이버의 플랫폼에는 비광고 영역인 블로그, 카페, 지식인 그리고 광고 영역인 파워링크, 네이버플레이스, 파워콘텐츠 등의 서비스가 있다. 환자들이 네이버 검색을 할 때 병원 노출이 잘 되려면, 이것들에 콘텐츠가 탑재되어야 한다는 것이다. 그런데 이 가운데에서도 특히 노출이 잘 되는 것이 블로그다.

네이버 알고리즘에 의해 블로그의 콘텐츠가 잘 노출이 되고 있다. 왜 네이버는 블로그를 잘 노출 시킬까? 그 이유는 블로그에 대해 살펴보면 금방 납득이 된다. 2021년 기준 네이버의 블로수는 3,000만 개이며, 그 해에 새로 계정이 만들어진 블로그가 약 200만 개이다. 이 블로그에서 생성된 콘텐츠 수는 3억개나 된다. 하루에 새 콘텐츠가 80만 개나 올라온다. 이렇듯 다양한 주제의 수많은 유형의 글들이 시시각각 포스팅되고 있는데 퀄리티 높은 정보로서 인정을 받고 있기 때문이다. 그래서 병원의 경우, 블로그에 올린 글들이 검색 시 노출이 잘 된다. 또한 병원 입장에서는 블로그 계정을 무료로 3개까지 보유할 수 있는데, 무료로 광고를 할 수 있다는 장점이 있다.

검색 엔진 최적화를 위한 블로그

• • •

병원 브랜드 블로그의 수가 엄청나게 많고, 매일같이 수없이 많은 글이 작성되고 있다. 따라서 자칫 방심하면 기껏 공들여서 병원 브랜드 블로그를 관리해도 검색에서 노출이 잘 안된다. 가령, 환자가 '강남 피부과'라고 네이버 검색을 하면 수백 개의 피부과 블로그가 노출이 된다. 이때 잘 관리하지 않는 강남 피부과 블로그는 노출이 거의 되지 않게 된다.

따라서 병원 브랜드 블로그의 글을 첫 페이지 상단에 노출 시키려는 노력이 중요하다. 네이버의 검색엔진 알고리즘에 맞게 작성된 글이 상위노출이 잘 된다. 이처럼 블로그의 글을 상위에 노출되도록 하는 작업을 '검색엔진최적화(Search Engine Optimization: SEO)'라고 한다.

모든 원장님은 자신의 병원 브랜드 블로그가 검색 시 상위노출이 잘 되길 바란다. 블로그 노출 경쟁이 치열하므로 브로그가 상위노출이 잘되기 위해서는 전문가의 안목으로 많은 시간과 공을 들여야 하는 것은 선택이 아닌 필수가 되었다. 병원 직원이 본 업무를 하는 과정에 틈틈이 블로그 관리를 한다거나, 원장님이 직접 글을 작성하면서 블로그를 관리해서는 최적화 블로그를 만들기가 쉽지 않다.

여전히 적지 않은 원장님들이 작은 병원 규모의 여건상 별도의 마케팅 직원을 둘 수 없기에 간호사, 간호조무사, 치과위생사들에게 블로그 관리를 맡기는 경우가 있다. 그러면, 직원들은 본업 외에 별도로 블로그 관리를 하느라 많은 스트레스를 받는다. 그리고 설령 블로그에 주기적으로 포스팅을 했더라도 무성의하게 작성하거나, 다른 곳의 글과 이미지를 도용할 가능성도 배재할 수 없다. 그 결과 의료법 위반이 생길 우려가 있다. 직원은 이에 대해 책임을 지지않는다.

마케팅 전담 직원 대신에
마케팅사를 선택해야

● ● ●

상위노출이 잘 되는 최적화 블로그를 만들기 위해서는 온라인마케팅 전문인력이 필요하다. 개인 병원에서 온라인 마케팅 전담 직원한 명을 고용하는 건 결코 쉽지 않은 일이다. 따라서 개인 병원 원장님들은 상위노출이 잘되는 최적화 블로그를 관리해주는 마케팅사의 손을 잡아야 한다. 최적화 병원 브랜드 블로그를 만들어서, 상위노출을 시키기 위해서는 병원 온라인 마케팅 전문가가 필요하다.

   블로그 마케팅은 개원과 함께 병원과 운명을 같이해야 한다. 이처럼 병원 경영에 중대한 역할을 하는 블로그 마케팅은 전문인력이 전담하는 것이 최고의 성과를 내지 않을까? 온라인 마케팅 직원 한 명을 내부에 두는 것보다 저렴한 비용을 내고, 외부에 직원을 둔다는 생각을 해야 한다.

02
블로그 상위노출을 결정하는 네이버 알고리즘

"최근에 병원 브랜드 블로그가 첫 페이지에 노출이 되지 않습니다. 참 답답합니다."

"환자들이 블로그를 많이 방문했는데 갑자기 방문자 수가 감소해서 걱정입니다."

병원 브랜드 블로그를 직접 관리하는 개인 병원 원장님들의 고민이다. 이 원장님들은 병원 자체 인력으로 블로그에 글을 올려왔고, 환자들은 검색 시 노출된 이 글을 보고 해당 병원에 내원해왔다. 사실상 블로그가 광고 수단의 전부나 마찬가지였다. 그런데 블로그 노출이 되지 않거나, 블로그 방문자 수가 급감한다면 광고를 못하게 되는 것이다. 참으로 큰일이 아닐 수 없다.

이처럼 평소 노출이 잘되다가 노출이 안 되는 블로그는 저품질에 걸렸다고 볼수 있다. 이는 일명 '저품질 블로그'이다. 저품질 블로그는 아무리 글을 올려도 절대 첫 페이지 상위노출이 불가능하다. 이와 달리 상위노출이 잘되는 검색엔진최적화(Search Engine Optimization, SEO) 된 블로그가 있는데 이는 '최적화 블로그'라고 한다.

노출이 안 되는 블로그와 노출이 잘되는 블로그가 구별되어 존재하는 이유는 네이버의 알고리즘 때문이다. 수많은 글이 업데이트되는 블로그들 중에서 광고성 블로그, 무성의하게 복사해서 글을 붙이기 한 블로그가 있는 반면에 공을 들여서 좋은 콘텐츠를 올린 블로그가 있다. 네이버 알고리즘은 블로그와 포스팅한 글을 일일이 선별하여 우선적으로 품질 좋은 블로그와 양질의 콘텐츠를 상위에 잘 노출시켜 준다.

네이버 검색 알고리즘 모델 2가지

네이버는 블로그의 글을 상위 노출 시키는 알고리즘(algorithm) 모델 2가지를 가지고 있다. 퀄리티 높은 정보를 담은 글을 상위에 노출될 수 있도록 작동하는 알고리즘 모델은 C-Rank와 D.I.A이다. 이 두 모델에 맞게 블로그를 관리하고 글을 작성하는 것이 노출이 잘되는 방법이다.

블로그 품질 기반의 C-Rank

　네이버는 C-Rank 모델로 블로그 곧 출처의 신뢰도를 평가한다. 블로그가 주제에 맞는 글을 맥락(Context)에 맞게 작성되고, 생산되는 블로그의 정보(Content)의 품질이 좋으며, 포스팅한 글이 어떤 연쇄(Chain) 반응을 보이며 소비, 생산되는지를 파악하여 출처(Creator)의 신뢰도와 인기도를 계산한다. 이 알고리즘 모델은 신뢰할 만한 블로그를 중시하고 있는 것이다.

　C-Rank는 블로그의 주제를 31개로 분류하고 있는데, 블로그 문서를 딥러닝 기술로 문서의 제목과 내용을 바탕으로 어떤 주제에 해당하는지 판단하여 주제를 부여한다. 이렇게 문서마다 부여된 주제로 해당 블로그가 어떠한 주제에 대한 글을 꾸준히 작성해왔는지를 파악할 수 있다. 결국, C-Rank 모델은 블로그 작성자가 뚜렷하고 분명한 주제(1개~3개)로 전문적인 정보를 창의적으로 글을 꾸준히 올릴 때 검색 상위 랭킹에 노출 시켜준다. 신뢰도 있는 고품질의 블로그를 중시하는 것이다.

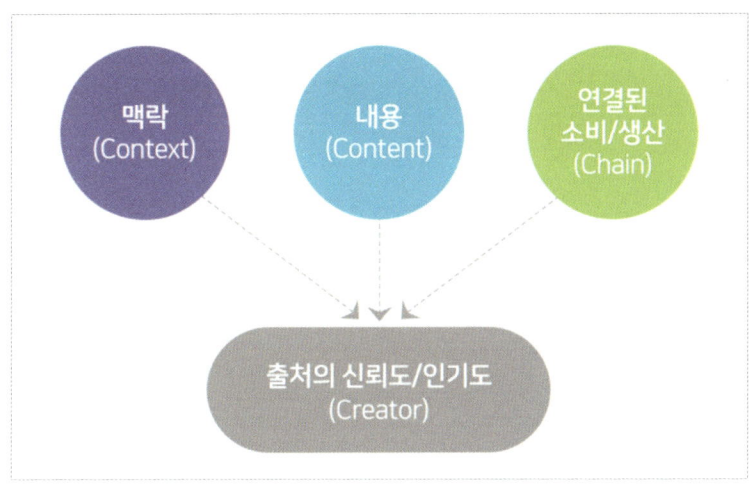

C-Rank(이미지 출처 : 네이버 검색 공식 블로그)

문서 신뢰도 기반의 D.I.A

앞서 C-Rank로 고품질 블로그를 상위 노출시킨다고 했지만 고품질 블로그가 언제든지 광고성 글로 도배될 가능성이 있다. 고품질 블로그에 광고 글이 올라와도 이를 잡아내지 못하고 검색 랭킹 상위에 노출시키게 될 가능성이 있다.

이를 방지하는 역할을 하는 것이 D.I.A(Deep Intent Analysis)모델이다. 이는 C-Rank가 블로그의 품질을 중시한 것과 다르게 블로그에 포스팅된 문서를 일일이 심층 분석하여 검색 랭킹에 반영한다. 문서의 주제 적합도, 경험 정보, 정보의 충실성, 문서의 의도, 상대적인 어뷰징 척도, 독창성, 적시성 등 여러 요인들이 복합적으로 반영된다. 이를 통해 키워드별로 사용자들이 선호하는 문서들이 상위노출에 랭킹이 된다. 따라서 블로그의 품질이 떨어지더라도 블로그에 포스팅한 글이 좋으면 상위에 노출이 된다.

블로그 지수의 단계

네이버 알고리즘에 의해, 잘 노출이 되는 블로그가 있고 그렇지 못한 블로그가 있다. 이는 곧 네이버 알고리즘에 결정되는 블로그 등급이 있다는 말이다. 등급이 좋으면 잘 노출이 되고, 등급이 안 좋으면 노출이 잘 안 된다. 이러한 블로그의 등급을 '블로그 지수'라고 하는데 총 11개 단계가 있다.

저품질 단계 ➜ 일반 단계 ➜ 준최적화 1단계 ➜ 준최적화 2단계 ➜ 준최적화 3단계 ➜ 준최적화 4단계 ➜ 준최적화 5단계 ➜ 준최적화 6단계 ➜ 최적화 1단계 ➜ 최적화 2단계 ➜ 최적화 3단계

이를 통상적으로 '저품질 단계, 일반 단계, 준최적화 단계, 최적화 단계'의 4등급으로 줄여서 말하기도 한다. 이제 막 시작한 블로그는 일반 단계이며, 어느 정도 시간이 흐르는 동안 관리가 된 블로그는 준최적화이다. 그리고 잘 관리가 되어 노출이 되는 블로그는 최적화 단

계이며, 그렇지 않고 노출이 안되는 블로그는 저품질 블로그이다. 일반 단계와 저품질 단계의 블로그는 노출이 잘 되지 않는다.

골드닥터스는 최적화 블로그는 물론 준최적화 블로그를 상단에 노출 시키고 있다. 최적화 블로그의 M 한의원과 준최적화 블로그의 O치과의 상위노출 사례를 구글 시트로 살펴 보자.

서비스	키워드	20230116	20230117	20230118	20230119	20230120
	신사역한의원	1위	1위	1위	1위	1위
	강남한의원					
	강남다이어트한약					
	강남다이어트한의원				3위	4위
	신사한의원				1위	1위
	신사역다이어트				1위	1위
	신사역다이어트한의원				1위	1위
	신사다이어트				1위	1위
	신사다이어트한의원				1위	

서비스	키워드	20230123	20230124	20230125	20230126	20230127
	신사역한의원			1위	2위	2위
	강남한의원					
	강남다이어트한약				2위	2위
	강남다이어트한의원	설연휴		4위	4위	6위
	신사한의원			1위	1위	1위
	신사역다이어트			1위	1위	1위
	신사역다이어트한의원			1위	1위	1위
	신사다이어트			1위	1위	1위
	신사다이어트한의원			1위		
	강남다이어트				4위	4위

	키워드	20230130	20230131	20230201	20230202	20230203
	신사역한의원	1위	1위	1위	1위	1위
	강남한의원					
	강남다이어트한약	3위	3위	3위	3위	1위
	강남다이어트한의원	6위	6위	7위	8위	3위
	신사한의원	1위	1위	1위	1위	1위
	신사역다이어트	1위	1위	1위	1위	1위
	신사역다이어트한의원	1위	1위	1위	1위	1위
	신사다이어트	1위	1위	1위	1위	1위
	신사다이어트한의원	1위	1위	1위	1위	1위
	강남다이어트	5위	4위	5위	6위	3위

최적화 블로그의 M 한의원 상위노출

키워드	순위
강남역교정잘하는곳	5위
강남돌출입교정	9위
강남돌출입교정잘하는곳	2위
신논현역치아교정	5위
강남역인비절라인	5위
강남역치아교정비용	2위
역삼역치아교정잘하는곳	1위
역삼역치아교정	3위
앞니치아교정가격	4위
강남역 설측교정	1위
교대역치아교정	4위
반포동치아교정	5위
반포동교정잘하는곳	1위
논현역치아교정	2위
강남치아교정잘하는치과	7위
역삼동치아교정	5위
신논현교정치과	5위
언주역치아교정	3위
반포동교정치아	4위
방배동교정치아	1위
사평역교정치아	4위
잠원동치아교정	2위
신사역돌출입치아교정	1위
역삼역교정치아	8위
역삼역교정치과 추천	1위
역삼동치과추천	10위
서초동치과추천	6위
서초역치아교정	5위
서초역치아교정추천	1위
학동역교정치과	2위

준최적화 블로그의 O치과 상위노출

지속적으로 병원 블로그를
상위노출 시키려면

• • •

　블로그가 저품질에 걸리면 사망했다고 표현한다. 사실상 블로그가 존재하지 않는 것과 같아서 광고로서의 효과가 제로이기 때문이다. 만약, 원장님이 병원 브랜드 블로그가 잘 노출 되지 않거나 방문자 수가 급격히 줄어들었다면 이는 저품질 전조 증상으로 봐야 한다. 저품질 여부를 확인하고, 저품질 예방을 하도록 해야 한다. 저품질이 의심스럽다면 포스팅한 글의 제목 전체를 네이버 검색창에 검색해 보자. 이때 뷰 영역에서 노출이 되어야 한다. 포스팅한 글 여러 개의 제목을 검색했을 때 뷰탭에서 노출이 반복적으로 안 된다면 저품질일 가능성이 매우 높다.

　최근 네이버는 '에어서치(인공지능(AI)+ 검색(Search))'를 선보이면서, 이용자 개개인의 관심사 탐색으로 바꾸고 있다. 이렇듯 네이버 알고리즘은 항상 변한다는 특성을 가지고 있다. 광고성 글, 어뷰징을 막고 보다 정확한 검색 자료를 보여주려고 하기 때문이다. 따라서 특정 시기의 알고리즘에 지나치게 의존하지 않고, 꾸준히 양질의 글을 올리는 병원 브랜드 블로그를 관리하는 것이 중요하다.

03
최적화 블로그의
기준 4가지

몇 년 전까지만 해도 최적화 블로그를 만드는 공식이 있었다. 이대로 하면 수백 수천 개 최적화 블로그를 만들 수 있어서 이에 따른 문제점들이 발생했다. 네이버에서는 업데이트된 알고리즘으로 이를 체크하고 방지하기에 이르렀다. 그 결과 이제는 1년 동안에 최적화 블로그가 2~3개 정도 나올 정도가 되었다. 블로그를 하는 분이라면 누구나 상위노출을 위해 최적화 블로그를 바라지만 이제는 쉽게 만들 수 없는 구조가 되었다.

일부 원장님은 병원 블로그를 애지중지하면서 거의 매일 글을 올리는 경우가 있다. 바쁜 진료 시간을 쪼개서, 혹은 병원 문을 닫은 시간을 이용해 진료일지, 질환과 치료 과정에 대해 꽤 해박한 전문 지식의 글을 작성한다. 포스팅된 글을 보면, 금방 단 몇 분에 쓰인 게 아님을 알 수 있다. 여러 시간을 들여서 글을 고치면서 작성한 것으로 보인다.

그런데 과연 이렇게 마냥 많은 포스팅을 올린다고 해서, 그리고 원장님이 다소 전문적인 내용의 긴 글을 직접 쓴다고 해서 잘 노출이 될까? 이런 원장님에게 절대적으로 필요한 것은 다름 아닌 최적화 블로그를 만드는 노하우다. 이것을 알면 쉽고 빠르게 블로그를 상위노출 시킬 수 있지만 모르면 노출이 잘되지 않는다.

상위노출의 필수조건,
최적화 블로그의 기준 4가지

네이버의 알고리즘 곧 로직은 계속 변하고 있다. 최근 네이버는 사용자생성콘텐츠(UGC) 검색 기능을 적용하고 있다. 이는 유튜버 '구독', 인스타 '팔로우'처럼 네이버 블로거, 인플루언서에 '팬'을 하는 기능이다. 이에 따라 과거에는 검색하는 모든 사람에게 같은 검색 결과가 나왔지만, 이제는 검색하는 사람이 팬을 한 블로거, 인플루언서의 콘텐츠를 뷰영역의 가장 앞에 노출이 되고 있다. 검색하는 사람의 본인 취향에 맞고 신뢰할 수 있는 각 분야 전문가 콘텐츠가 상위노출이 된다.

점점 상위노출을 하기가 까다로워지고 있다. 이와 더불어 상위노출을 위한 최적화 블로그 만들기도 어려워지고 있다. 과연, 어떻게 하면 최적화 블로그가 되는 걸까? 최적화 블로그의 기준은 4가지이다.

블로그 운영 기간이 길수록 유리

"의사로서 내가 이번 달부터 의료 전문적인 글을 작성했는데 내 블로그 글이 상위노출이 안 되네요. 대신에 비전문가가 의료에 대해 작성한 블로그의 글이 상단에 여러 개 노출이 되었더라구요."

직접 병원 브랜드 블로그를 관리하는 일부 원장님들이 이런 하소연을 해온다. 어째서 이런 일이 생긴 걸까? 그 이유는 블로그의 운영 기간 때문이다. 의사님이 개설한 블로그는 한 달 정도이지만 비전문가가 개설한 블로그는 최소 6년에서 10년 이상 되었기 때문이다. 네이버의 알고리즘에 의해 오랫동안 꾸준히 포스팅된 블로그가 상위 랭킹에 노출된다. 따라서 전문적인 의사님의 글보다 비전문가가 오래 관리해온 블로그의 글이 잘 노출이 된다.

이제 막 시작한 블로그는 당연히 잘 노출이 되지 않는다. 꾸준히 포스팅을 하면서 오랫동안 잘 관리를 하면 네이버 알고리즘에 의해 높은 점수를 받고 상위노출이 되는 최적화 블로그가 될 수 있다. 대체로 잘 관리한다고 할 경우, 일반 블로그가 최적화 블로그가 되기까지 매우 오랜 기간이 소요된다. 막연히 블로그 개설 시간이 오래된 것이 아니라 오랫동안 포스팅을 꾸준히 한 블로그가 중요하다.

콘텐츠는 주제에 맞게 전문적으로

네이버는 공식적으로 한 개의 블로그에 한 개의 주제만을 다룰 필요가 없다고 밝히고 있다. 하나의 블로그에서도 여러 가지 주제에 대해 양질의 글을 작성하면 다양한 주제의 블로그가 될 수 있다 한다. 가령 요리, 인테리어, 영화 이렇게 3개의 주제 모두에 대해서 정보력 있는 글을 지속적으로 작성하면 3개 주제 모두 C-Rank가 높아진다고 한다.

하지만 원장님들이 병원 브랜드 블로그의 목표는 광고를 통해 환자를 유입시키는 데 있다. 따라서 블로그의 주제는 의료 정보가 되어야 한다. 시간적 여유가 있다면 다른 주제도 몇 개 추가를 해서 포스팅할 수 있겠지만 그럴 여력이 많지 않은 게 현실이다. 명확한 한 개의 주제에 해당하는 글을 퀄리티 높게 작성하는 것이 중요하다.

따라서 원장님이 네이버의 주제 카테고리 중에 '건강 의학' 주제를 정하여 글을 작성한다면 가산점을 받게 되는데, 오랜 시간 관리를 잘하면 병원 블로그가 최적화 블로그가 된다. 〈네이버 검색의 공식 블로그〉에서는 이렇게 말하고 있다.

"네이버 블로그 검색은 검색 이용자가 입력한 검색어의 의도를 파악하고 그에 적합한 주제를 찾아 이를 검색 랭킹에 반영하고 있기 때문에 이렇게 특정 주제에 특화된 블로그가 그렇지 않은 블로그에 비해 상위에 노출될 가능성이 높습니다."

포스팅은 지속적으로 업로드해야

예전에는 매일 45일동안 비슷한 글을 작성해도 최적화 블로그가 만들어졌다. 이제는 네이버 알고리즘에 의해 이를 걸러내고 있어서 이런 식으로는 최적화 블로그를 만들 수 없게 되었다. 단지 매일 포스팅을 하는 것이 중요하지 않다. 이제는 양질의 콘텐츠를 주기적으로 꾸준히 올려야 네이버 알고리즘에 의해 상위 랭킹에 노출이 잘 되는 최적화 블로그가 된다.

또한 하루에 많은 포스팅을 하면 노출이 잘되고 방문자가 늘어날 것으로 생각한다면 오산이다. 원장님이 한 개 분량의 글을 여러 개의 짧은 글로 쪼개서 1-1 1-2 1-3 1-4 이런 식으로 여러 개 포스팅을 한다고 하자. 그러면 한 개의 포스팅을 올린 것보다 유리할까? 절대 그렇지 않다. 네이버 알고리즘은 심층적으로 문서 하나 하나를 체크한다.

한 개의 주제로 완성도 있는 적정 분량의 글을 꾸준히 작성할 때

최적화 블로그가 된다.

신환전환률을 높이는 블로그 체류 시간

• • •

방문자가 블로그에 머무는 시간이 길수록 최적화 블로그가 될 가능성이 높다. 기껏 노출을 시켜놓고, 많은 방문자들을 유입시켰지만 금방 보고 나가버리게 된다면 그만큼 블로그 품질이 떨어진 것으로 네이버 알고리즘이 인지하게 된다. 원장님 블로그에 양질의 의료 정보 콘텐츠가 성의껏 잘 포스팅되었다면, 방문자가 금세 나가버리는 일이 없다. 그런데 만약 블로그에 성의없이 작성한 포스팅이 남발된다면, 방문자는 클릭하고 나서 얼마 지나지 않아 이탈해버린다.

놀랍게도 많은 블로그의 방문자 체류 시간이 0초로 잡히는 경우가 많다. 이는 무슨 의미일까? 이것은 방문자가 0초만에 나갔다는 게 아니라 방문 후 첫 페이지를 읽고 다른 글을 클릭하지 않고 '뒤로 가기'를 눌러 페이지를 이탈한 것을 의미한다. 이때 첫 페이지에 머문 시간에 상관없이 체류 시간이 0초로 잡힌다.

이와 달리 방문자가 첫 페이지에 1분 머문 후 동일 블로그의 다른 글을 클릭하여 다른 페이지로 넘어간다면 체류 시간이 1분이 나온다. 병원 블로그는 이처럼 방문자가 첫 페이지에 머문 후 동일 병원 블로그의 글을 보도록 만들어야 한다. 이렇게 할 때 체류시간이 길어진다.

필자는 마케팅 관점에서 병원 블로그의 체류시간을 상당히 중요하게 본다. 병원 블로그의 체류 시간이 길수록 방문자의 신환전환율이 높기 때문이다. 블로그에 머무는 시간이 짧을수록 신환전환율이 떨어진다. 따라서 블로그의 포스트는 환자들이 오래 머물 수 있도록 의료 정보를 쉽고 흥미롭게 읽힐 수 있도록 글을 작성하는 것과 함께 사진, 동영상을 포함시켜야 한다. 자세한 것은 이번 2부의 '5. 상위노출을 위한 포스팅 작성 비법'에서 다룬다.

04
상위노출 블로그의 핵심, 키워드 선정

　블로그를 자체적으로 관리하는 의원급 병원들이 있다. 이런 작은 병원들의 경우, 원장님이 직접 글을 쓰기도 하고, 또 직원이 본업 외로 블로그 포스팅 작업을 한다. 공을 들여서 문서를 작성하기도 하고, 섬네일을 첨부하기도 하는 등 많은 공을 들인다. 그런데 이 병원의 원장님들이 고민이 많다. 몇 년 동안 블로그를 정성껏 관리를 해왔는데도 노출이 잘 안되어 방문자 수가 매우 적다.

　왜 상위노출이 되지 않을까? 블로그 운영 기간도 몇년 정도 되고 꾸준히 포스팅을 해왔는데 말이다. 이 경우 그 원인은 타깃 니즈에 대한 분석과 그에 따라 글이 작성되지 않은 데 있다. 병원 블로그의 목적은 광고로서 병원에 환자가 많이 유입시키는 것이다. 그런데 블로그에 작성한 글들이 고객 환자의 니즈를 분석하고 그에 맞게 작성되지 않는다면 누가 글을 보겠는가? 병원 블로그는 의사님이 자기만족을 위해, 자화자찬을 늘어놓기 위해 운영되어서는 안 된다. 병원 블로그는 고객 환자의 니즈에 포커싱이 되어야 한다. 정확한 고객의 니즈를 담은 글을 작성해야, 검색을 통해 고객 환자가 블로그에 유입이 된다.

상위노출이 되어야 할 핵심 키워드

검색엔진 네이버에서 고객 환자의 니즈를 어떻게 알수 있을까? 그것은 바로 검색창에 넣은 '키워드'로 알 수 있다. 검색창에 넣는 키워드가 곧 고객 환자의 니즈로 볼 수 있다. 따라서 원장님은 블로그에 고객 환자의 니즈를 담은 키워드를 잘 선별한 후 그 키워드를 제목과 본문에 반영해야 하며, 그 키워드에 맞게 글을 작성해야 한다.

이렇게 하여 고객 환자가 네이버 검색창에서 자신의 니즈를 함축한 키워드를 넣을 때, 해당 병원 블로그가 노출이 된다. 그러면 고객 환자는 병원 블로그의 글을 보고 클릭하여 관심 있게 읽어내려가며, 이를 통해 그 병원을 방문하게 된다. 특히 상위노출을 목표로 하는 키워드를 '핵심 키워드'라고 하는데, 이를 잘 선정하고 네이버 알고리즘에 맞춰서 글을 썼을 때 노출이 될 수 있다.

구체적인 핵심 키워드 여러 개를 선정하라

• • •

강남역에 새로 '**이로운치과'를 오픈한 치아교정 전문의 원장님이 있다. 그러면 그 원장님은 블로그의 핵심 키워드가 무엇이 되어야 할까? 병원명, 병원 위치와 함께 병원 진료과, 병원 특화 진료과목 등 특장점을 반영할 수 있다. 핵심 키워드는 다음과 같다.

1. 강남역 치아교정
2. 강남역 치과
3. 강남 투명교정
4. 강남 심미치료
5. 강남 라미네이트

이런 핵심 키워드를 여러 개 선정해, 블로그의 글에 넣어 꾸준히 네이버 알고리즘대로 작성한다면, 환자 고객이 검색 시 상위노출이 될 가능성이 매우 높다. 이때, 키워드가 구체적일수록 상위노출이 잘 된다. '치과'보다는 '치아미백치과', '치아미백치과'보다는 '야간진료 치아미백치과'가 세부 키워드가 되어 노출 상위 랭킹이 잘 된다.

거듭해서 말하지만, 여기에서 중요시해야 하는 것은 환자 고객의 니즈이다. 따라서 고객 환자들이 어떤 니즈를 갖고, 검색창에 어떤 키워드를 검색할지를 잘 파악해야 한다. 환자들은 증상과 함께 치료 방법, 병원에 대해 검색한다. 가령, 환자가 허리 아플 때, '척추', '허리 디스크', '척추병원'이라는 키워드로만 검색하지 않는다는 것을 인지해야 한다. 환자들은 '누워있을 때 허리 아픔', '허리 삐끗', '허리 쿡쿡' 등의 키워드로 검색한다. 이를 모두 포함하는 여러 개의 핵심 키워드를 선정하는 것이 중요하다. 그리고 한 개의 포스팅을 하더라도 여러 개의 키워드를 같이 올려야 한다.

턱관절 병원의 원장님이라면, 어떤 핵심 키워드를 선정하는 게 좋을까? 환자들은 '턱관절', '턱관절 디스트', '턱관절 치료', '턱관절 병원'으로만 검색하지 않는다. 이와 더불어 '턱에서 딱딱 소리', '딱딱딱', '턱 안 다물어짐' 등의 키워드로 검색을 한다. 이 모든 것이 핵심 키워드가 되어야 한다.

이와 마찬가지로 산부인과 원장님은 '생리통', '생리증상' 키워드와 함께, 환자들이 많이 검색하는 이런 핵심 키워드를 블로그에 글 작성에 올려야 한다. 그래야 상위노출이 되어, 환자가 블로그를 둘러보고 난 후 병원에 방문한다

아랫배 쿡쿡

아랫배 저림

아랫배 아파요

아랫배 찌르는 통증

이처럼 환자들이 많이 검색하여 상위노출이 잘 되는 키워드를 선정하는 것을 키워드 최적화라고 한다. 이는 환자의 키워드 검색 시 얼마나 검색하냐, 곧 검색량에 따라 달라질 수 있다. 이를 분석하는 방법이 있다.

블로그 마케팅을 포함한 온라인 마케팅에서 제일 중요한 것은 키워드 선정이다. 고객 환자의 니즈 곧 환자들이 많이 검색하는 키워드를 선정해야 한다. 환자들은 수백 개 키워드를 찾게 되는데. 동이랑 역을 고려해서 점점 넓혀 가면서 구체적이며 세부적으로 키워드를 잡아야 한다. 이렇게 할 때 핵심 고객은 물론 잠재고객까지 유입될 수 있다.

필자의 골드닥터스는 수많은 원장님 블로그의 키워드를 상위노출 시키고 있다. 오랜 시간 함께 해온 원장님 블로그는 수 천 개의 키워드가 축적이 되어 있기에 더 노출이 잘 되어 더 많은 환자들이 유입이 되고 있다.

경쟁이 치열하지 않은 로얄 키워드

• • •

　블로그 마케팅을 하지 않는 병원을 찾아보기 힘들다. 이는 무슨 의미냐 하면, 전국의 많은 병원들이 각기 진료과목의 키워드와 함께 환자가 많이 검색하는 핵심 키워드를 선정해 마케팅을 벌이고 있다는 것이다. 그래서 고객이 많이 검색하는 인기 있는 키워드는 경쟁이 매우 치열하다. 매일 측정되는 검색량이 많을 뿐만 아니라 여러 병원 블로그들에서 발행되는 포스팅량이 어마어마하다. 따라서 섣불리 핵심 키워드로 블로그 마케팅을 했다가는 잘 노출이 안 될 수 있다. 그렇다면 새로 개원한 병원 원장님은 어떻게 해야할까?

　이때 필요한 것이 '로얄 키워드'다. 꾸준히 환자 고객이 검색을 하지만 그에 비해 포스팅이 많지 않은 것이 로얄 키워다. 이는 〈네이버 검색광고〉의 '키워드도구'에서 찾을 수 있다.

검색 잘되는 키워드 찾는 요령 3가지

• • •

1. 네이버 자동 완성 검색어, 연관 검색어 활용

　네이버 검색창에 키워드를 넣을 때 자동으로 이 키워드를 완성해 주는 검색어가 하단에 연이어 나온다. 다들 경험해 보셨을 줄 안다. 환자가 검색할 때도 마찬가지다. 허리가 아픈 환자가 검색창에 '허리'

키워드를 넣자마자 이 키워드를 완성해주는 검색어가 연이어 나온다. 이 자동 완성 검색어가 핵심 키워드가 될 수 있다. 허리 통증, 허리 삐끗, 허리디스크 등 많다.

연관검색어도 다들 경험해 보셨을 것이다. 하나의 키워드를 검색창에 넣으면 그와 연관된 키워드가 나온다. 예를 들어 환자가 허리 통증으로 검색했다고 하자. 이때 뷰 영역을 클릭하면 이와 연관된 키워드가 횡으로 연이어 나온다. 여기에서 키워드를 찾을 수 있다.

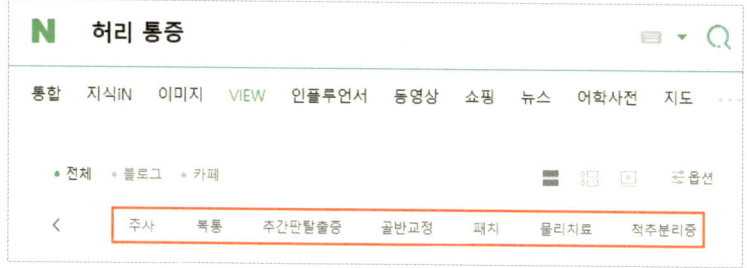

2. 네이버검색광고 키워드도구 활용

파워링크, 파워컨텐츠, 네이버플레이스, 웹사이트 등 유료 광고를 할 때 이용하는 서비스다. 이곳에 회원 가입한 후 접속해 들어가면 우측에 '키워드도구'가 나온다. 이것을 클릭하면 다양한 키워드가 나온다.

'키워드도구'에서 일순위 키워드를 넣어 조회하면 그와 연관 키워드가 나온다. 이 가운데 노출이 잘 되는 것일수록 경쟁도가 높다. 스마트폰에서 '월간 검색수'를 보고, 많이 찾는 키워드를 선택하면 된다.

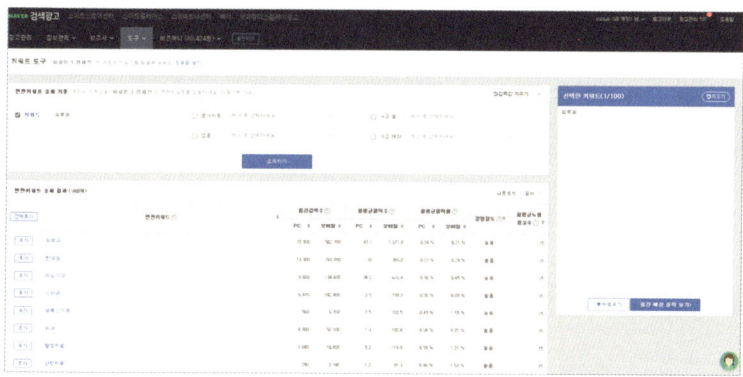

3. 네이버 데이터랩 서비스 활용

네이버 데이터랩 서비스는 다양한 분야에 걸쳐서 어떤 키워드가 많이 검색되는지를 파악할 수 있다. 원장님이 수시로 접속해 궁금한 키워드를 조회하면 이에 대한 검색량이 시기별로 나온다. 척추전문병원 원장님의 경우, 척추에 대한 주제어를 5개 입력을 한다. 그다음 기간을 정한 후, 컴퓨터와 모바일, 성별, 나이를 지정하면 그에 맞게 데이터를 조회해 준다.

조회를 클릭하면 검색트렌드 그래프가 나온다. 검색량이 많으면 그래프가 올라가고 검색량이 줄어들면 그래프가 내려간다. 이를 통해 환자들이 많이 검색하는 키워드를 찾을 수 있다.

05
상위노출을 위한
포스팅 작성 비법

"의료 전문가가 쓴 것처럼 글이 상당히 좋네요."
"진료를 마친 후에 내가 써도 이 정도 되기가 쉽지 않을 거예요."
원장님들이 골드닥터스가 관리하는 블로그를 보고 나온 피드백이다. 골드닥터스는 양질의 콘텐츠를 주기적으로 꾸준히 포스팅하여 병원 블로그를 상위노출 시켜주고 있다. 일부 마케팅회사의 경우 질이 떨어지는 문서를 남발하기도 한다. 해당 진료과목에 대한 지식이 떨어져 보이는 글과 함께 구글 등에서 가져온 이미지를 무단으로 사용한다. 따라서 문서의 퀄리티가 상당히 떨어진다. 이는 곧 그것을 본 환자들의 좋지 않은 반응으로 이어지게 된다.
골드닥터스는 다르다. 필자는 블로그를 전담하는 직원들에게 기본부터 혹독하게 트레이닝을 시키고 있다. 대학생 리포트를 쓰는 정도의 어설픈 문장력이 아닌, 수년 경력의 방송작가 정도의 상당히 숙련된 문장력을 갖추도록 요구하고 있다. 이와 함께 각 진료과목에 의료 전문 지식과 정보를 오랫동안 구축해놓고, 필요할 때마다 활용하게 하고 있다. 인터넷에서 떠도는 출처 불명의 신뢰도 없는 의료 정보를 이용하는 일이 절대 없다.

필자는 블로그 담당직원들에게 이렇게 독려하고 있다.
"글을 잘 쓰는 것은 골드닥터스에서는 기본입니다. 이와 함께 각 병원에 대한 자료, 정보를 파악하고 잘 숙지해야 합니다. 병원에 대한 지식은 끝이 없습니다. 그러니까 항상 배운다는 자세로 꾸준히 의료 관련 정보를 찾고 공부하세요. 그리고 병원 측에도 보다 정확하고 심층적인 자료를 요청하세요. 그래야 블로그의 글 수준이 최고가 될 것이며, 의료 지식이 높은 똑똑한 환자들로부터 인정받을 것입니다."

도적인 골드닥터스만의 블로그 포스팅 비법은?

• • •

필자는 수백여 개 병원의 블로그마케팅을 하면서, 최적화블로그는 물론 준최적화블로그를 상위노출을 시켜왔다. 이 과정에서 상위노출 잘 되게 하는 블로그 포스팅 노하우를 축적했다. 그 요령을 소개한다. 블로그 포스트는 네이버 알고리즘에 의해 체크가 되기 때문에 단지 좋은 문장으로 글을 잘 쓰는 것이 아니라 전문성 있게, 명확한 키워드를 담고, 꾸준히 작성하는 것이 중요하다. 상위노출 시키는 블로그 글 글을 잘 쓰는 비법을 살펴보자.

제목 앞쪽에 명사형 키워드 넣기

본문에는 신경써서 키워드를 넣는데 실수로 제목에 키워드 넣는 것을 놓치는 일이 생긴다. 검색엔진 네이버는 제목 앞쪽에 키워드가 들어간 글을 제일 먼저 노출시킨다. 제목에 키워드가 없거나 변형이 되었거나 하면 뒤로 밀려가 버린다.

키워드는 서술형보다는 구체적인 명사로 단어로 작성하는 것이 좋다. 검색하는 환자의 니즈를 반영한 키워드를 15~30자로 쓰면 검색 상위 랭킹 노출이 잘 된다. 30자 이상 길어지면 제목이 줄임표(…)로 표시되어 환자가 검색 시 제목을 한눈에 다 볼 수 없다.

'강남성형외과' 키워드로 네이버 검색하여 뷰영역의 블로그를 클릭하면 이렇게 나온다. 여기서 보듯, 첫 페이지 상위 랭킹된 블로그의 제목에 키워드 '강남성형외과'가 들어가 있음을 알 수 있다. 대부분 '강남성형외과'이며 일부만 '강남역성형외과'이다.

강남성형외과

- 전체 · 블로그 · 카페

>별성형외과의원< · 2월 전
강남성형외과 찾아보고 있다면
강남성형외과 찾아보고 있다거나 독특한 모양의 코를 가지고 있다면 비교적... 또한 이비인후과 전문의와 성형외과 전문의가 협진하는 곳에서는 세밀한 관리...

청청정이네 · 2023.01.07
코 실리프팅 :: 강남 성형외과 픽코프팅 시술 솔직후기
강남성형외과 도 더욱더 많아진것 같아요 여기 건물에만 강남성형외과가 3개가 있답니다 코실리프팅 성형외과 강남역성형 온리프 성형외과 방문했어요.

뷰티 고양이 여행에 빠진 새댁 · 2022.07.09
강남성형외과 : 리쥬란힐러가격 및 통증, 2cc 맞은 솔직후기
강남성형외과 겸 피부과를 운영하고 있는 쁘띠센터에서 다녀왔던 식녀 성형외과... 튼 강남 쁘띠센터는 에스테틱형 피부과가 아닌 합리적인 가격대로 받으실 수 있는...

다해보는 조롱 · 2022.11.16
강남성형외과 쥬베룩 볼륨 눈밑앞볼 후기!
저는 강남스킨부스와 강남성형외과에서 쥬베룩 볼륨으로 선택한거 넘나 대만족! 결볼 꺼짐에도 적절한 선택이라고 하니 얼굴 꺼짐분들에게도 쥬베룩 볼륨 추천해요.

시골뜩이 삼남매 엄마의 레시피 · 2022.08.24
가슴수술후기 강남 성형외과 가서 A컵 사이즈 탈출
매력적인 몸매를 갖고 싶어 강남 성형외과 가서 가슴수술 한지 어느덧 한 달이... 작은 가슴이 콤플렉스였는데 강남 성형외과 가슴 전문의에게 수술을 받은 덕분에...

별성형외과cc · 2월 전
강남성형외과추천 개인이 가진 개성을 살려
강남성형외과추천에서는 아비인후과 협진 관리로 내부의 구조를 우선으로 살펴보며 기능적인 문제에 대해 충분히 검진을 진행한 후 성형을 진행하고 있어요. 평...

진성형외과 · 2021.03.06
강남성형외과유명한곳 찾아보는 경우라면
강남성형외과유명한곳 찾아보는 경우라면 우리나라는 사계절이 존재하기 때문에... 이런 경우 강남성형외과유명한곳을 찾아서 대안을 찾아보고 있었어요. 2. 주름이...

채채의 블로그 · 6일 전
강남역 성형외과 :) 강남지방분해주사 2회차 후기
강남역 성형외과에서 주신 편한 반팔티츠 갈아입기) 반팔티츠 갈아입기 전 찍어본 1회차 경과사진 1-2회차 때 거의 간격을 14일? 16일 정도 둔 상태라 꽤 기간...

나만의 눌이방 · 2023.01.15
실리프팅 실루엣소프트 침샘보톡스 강남역성형외과 덕분에...
공존축하팅 ★ ★ #강남역피부과 #강남성형외과 #강남역성형외과 #실리프팅 #실루엣소프트 #실리프팅실루엣소프트 #침샘보톡스

디바성형외과의원 · 2023.03.16
강남성형외과 선택하기 전 주의사항!
강남성형외과를 눈 수술을 위해서 찾은 분들에게 작고 답답해 보이는 인상을... 또한 강남성형외과에서는 과하기 크게의 수술하기 보다는 자신의 단점을 보완하기...

크리스마스성형외과 · 2022.11.22
강남성형외과유명한곳 조건에 따른
강남성형외과유명한곳 조건에 따른 옛날 사진을 보거나 혹은 문득 거울을 보면서... 분들이 강남성형외과유명한곳에서 볼륨감을 살려주는 술식을 진행하는데 있어...

강남더뷰티성형외과·피부과 · 2023.03.16
안면거상 부작용 통증 세종성형외과 강남더뷰티가 알려드려요
안면거상부작용 통증 세종성형외과 강남더뷰티가 알려드릴게요... 안면거상은 절개가 들어가는 외과 수술이 속하기 때문에 안면거상통증과 안면거상부작용에 대해...

제목에 들어갈 대표적인 키워드가 '지역명 + 진료과'이며, 이와 함께 환자들에게 유용한 정보를 명사형으로 추가한다면 상위노출이 잘 된다. 지역명의 경우 인근 지역명 여러 개의 키워드를 사용하고, 이와 함께 환자들이 많이 검색하는 병명, 증상, 시술법을 추가하자. 그러면 더 넓은 지역에서, 더 많은 잠재고객 환자들이 검색하여 노출이 된다. 다음의 골드닥터스가 상위 노출 시키는 병원 블로그의 제목 예를 참고하자.

게시판 327개의 글	목록닫기
글 제목	작성일
문래동정형외과 족저근막염 발목통증 치료가 필요한 경우는	2023. 4. 19
신림역정형외과 손목터널증후군 손목통증 치료하는 곳에서	2023. 4. 17
노량진역정형외과 무릎관절염으로 인한 무릎통증 치료를	2023. 4. 14
상도동정형외과 족저근막염 발목통증 완화하는 치료	2023. 4. 12
영등포구 신경외과 손목터널증후군 손목통증 치료하는 방법	2023. 4. 10

본문 잘 쓰는 요령 3가지

● ● ●

본문의 길이가 길면 무방하지만 너무 짧으면 검색 알고리즘에 의해 노출 랭킹에서 배제가 된다. 검색 시 짧은 글들이 블로그에 도배되는 것을 걸러내기 때문이다. 의도적으로 많은 포스팅을 하려고 하다가 지나치게 글이 짧으면 사실상 노출이 안된다.

이와 함께 본문에는 반복적으로 키워드를 넣어주는 것이 노출에 도움이 된다. 그렇지만 지나치게 많은 키워드를 넣으면 광고로 인식이 되어 노출에서 배제될 수 있다. 본문에는 핵심 키워드 4~5개 넣는 것이 바람직하다. 노출시키고자 하는 키워드가 2개라면 각각 3개씩 본문에 넣어주고, 노출시키고자 하는 키워드가 3개라면 각각 2개씩 본문에 넣어주는 것을 추천해드린다. 본문 글쓰기를 할 때 유의할 것은 3가지다.

첫째, 중간 제목을 넣어야 한다. 절대 긴 호흡의 글을 그대로 포스팅하지 말아야 한다. 긴 글이 빽빽하게 늘어져 있으면 스마트폰으로 들어온 환자가 글을 읽기에 부담이 될 수 있다. 따라서 긴 글은 여러 토막으로 나눠서 중간 제목을 넣어주는 것 좋다. 그러면 환자들이 시각적으로 글을 읽기가 편하다.

둘째, 한 문단은 최대 5줄 정도가 좋다. 블로그의 글은 책의 글과 다르다. 빠르게 읽히고, 아래로 내려가게 만들어야 한다. 스마트폰의 웹소설을 보면, 문단이 짧아서 빠르게 글을 아래로 읽히게 만든다.

셋째, 간결한 문장의 구어체, 경어체가 좋다. 블로그의 글은 마치 대화를 하듯이 작성되어야 가독성이 높다. 딱딱한 문어체로 길게 글이 작성되면, 잘 읽히지 않는다. 간결한 문장으로 빠르게 그리고 마치 옆에서 말을 건네주는 것처럼 구어체와 경어체를 쓰면, 환자들이 흥미롭게 글을 읽어내려갈 수 있다.

체류시간 늘려주는 이미지, 동영상 넣기

• • •

환자들은 글보다 감각적인 시각 매체에 더 관심이 끌린다. 컴퓨터, 스마트폰을 자주 이용하는 분들은 글보다 시각매체에 더 잘 이끌리는 경향이 있다. 더욱이 블로그가 상위노출 될 때, 제목과 본문 앞글의 우측에 사진, 동영상이 함께 노출이 된다. 환자들은 사진과 동영상을 보고 클릭할 가능성이 많다.

1위에서 3위까지 상위노출 된 블로그 다섯 개가 있다고 하자. 그러면 3위 블로그는 환자들이 클릭할 가능성이 떨어진다. 하지만 신경 써서 퀄리티 높은 사진과 동영상이 올려져 있다면 말이 달라진다. 환자는 1위, 2위를 놔두고, 3위 블로그를 클릭하게 된다.

이와 함께 일단 블로그에 들어와 글을 읽을 때, 이미지와 동영상이 적절하게 추가가 되어 있다면 이탈율이 적다. 환자들이 사진, 썸네일과 동영상을 보기 때문에 체류 시간이 증가한다. 텍스트도 중요하지만 그에 못지 않게 사진, 썸네일, 동영상이 중요하다.

골드닥터스는 유명 이미지 회사인 게티이미지뱅크, 클립아트코리아와 라이센스를 맺고, 최고 퀄리티의 이미지로 블로그 포스팅하고 있다. 유명한 대형병원을 포함해 개인 병원 모두의 블로그에 최고 품질의 이미지를 사용하고 있다. 그래서인지 환자들이 골드닥터스가 관리하는 병원 블로그를 많이 클릭해주어 상위노출이 잘되고 있다.

06
원장님이 직접
블로그 하는 방법

 "큰일 났습니다. 이번에 마케팅사와 계약 해지했는데 그동안 병원 홍보하던 블로그가 없어지게 되었어요. 그동안 상위 노출하던 블로그에 굉장히 좋은 글들이 많은데 이 일을 어쩌죠?"

 개원한 지 일 년이 안된 모 원장님이 고민을 털어놓았다. 알고 보니, 그 마케팅사는 별도로 병원 브랜드 블로그를 관리해주지 않았다. 마케팅사의 계정으로 노출 블로그만 운영해왔으므로 계약이 끝나자 그동안의 자료들이 다 사라지게 되었다.

 이런 일들이 심심치 않게 발생하고 있어서 원장님들의 한숨이 길어가고 있다. 마케팅사는 자체 계정으로 노출용 블로그로 병원을 홍보해준다. 따라서 계약이 끝나면, 병원 입장에서는 그 블로그가 사라지게 된다. 이런 일을 대비하기 위해, 노출용 블로그 별도로 원장님은 직접 브랜드 블로그를 운영하는 것이 좋다. 골드닥터스를 포함해 몇몇 마케팅사에서 원장님의 브랜드 블로그를 관리해주고 있다. 나중에 계약이 끝나더라도, 원장님은 그 블로그를 계속 운영하면 된다.

아무리 마케팅사가 상위노출을 성공시켜주더라도, 원장님은 나중을 대비하여 자체 블로그를 관리하는 게 필요하다. 원장님 자신의 계정으로 만들어진 병원 블로그가 잘 운영이 된다면, 마케팅사에 휘둘릴 염려가 적으며 언제라도 마케팅사와 독립할 수 있다. 그러면 마케팅사를 거치지 않고 원장님이 직접 블로그를 하려면 어떤 점을 알아야 할까? 그 방법에 대해 알아보자.

가능하면 여러 개 블로그를 하라

네이버의 블로그는 비광고 영역이며 무료로 누구나 3개의 계정을 만들 수 있다. 원장님은 가능하면 최대치로 3개의 블로그를 운영하는 것이 좋다. 블로그는 기본적으로 정보성 커뮤니티인데, 병원에 대한 홍보성 글을 많이 작성하다 보면 저품질에 걸릴 가능성이 많다. 환자에게 유익한 의료 정보 글만을 작성하기란 쉽지 않다. 환자 유입에 지나치게 신경 쓰다가 자칫 홍보를 나열하는 글을 작성하기 쉽다. 이로 인해 어느 순간 블로그가 저품질에 걸려 노출이 되지 않는다.

만약 원장님이 자신의 계정으로 블로그를 딱 한 개만 운영하고 있다면 어떻게 될까? 참으로 아찔하지 않는가? 환자들에게 병원 블로그가 노출이 되지 않으니, 사실상 블로그 마케팅은 끝이나 마찬가지다. 실제로 서울 근교의 신경외과의 한 원장님은 이런 하소연을 해왔다.

"갑자기 블로그 노출이 안 되는 상황이 되고 말았습니다. 저품질이 되고 만 것이죠. 그러고 나니 대책이 없더라구요. 새로운 아이디로 블로그를 처음부터 다시 시작하는 수밖에 없었지요. 미리 예방을 했어야 하는데 후회스럽네요."

네이버 알고리즘에 의해 언제 어떤 이유를 병원 블로그가 저품질이 될지 모른다. 이런 일이 발생할 때를 대비하여 여러 개 계정의 블로그를 운영하는 것이 좋다. 저품질 시 다른 아이디의 블로그를 운영하면 된다.

진료하느라 시간이 부족한 원장님이 블로그 포스팅을 하기란 여간 쉬운 일이 아니다. 그렇지만 매주 일정한 시간을 정해서 일기 쓰듯 블로그 글을 작성하는 습관을 만들어보는 것이 좋다. 블로그 글 작성과 이미지 제작 요령을 습득해 놓고, 주기적으로 글을 올리게 된다면 블로그를 방문한 환자들에게 좋은 반응을 얻을 수 있다. 환자들은 홍보성 글과 달리 원장님이 직접 작성한 글을 보면서 더욱 믿음을 갖게 된다.

블로그 저품질에 유의해 IP 사용하기

• • •

한 치과 원장님은 꾸준히 블로그에 직접 글을 올려왔다. 기존의 다른 블로그에서는 피상적인 내용이 주를 이루었지만, 이 원장님의 블로그에는 깊이 있는 생생한 진료 이야기가 포스팅되었다. 원장님이 아니면 쓸 수 없는 퀄리티 높은 글들이었다. 입소문이 나서 포스팅을 올릴 때마다 많은 조회수가 있었다. 내심 원장님은 서서히 노출이 되길 기대했지만 삼사 개월이 지나도 노출이 되지 않았다.

그 원장님이 필자에게 상위노출을 위한 해법을 알려달라고 도움을 요청했다. 필자는 그 원장님의 블로그를 보면서 경탄해 마지 않았다. 그 원장님은 바쁜 진료를 끝내고 나서 꾸준히 환자들을 위해 높은 수준을 글을 작성해왔다. 그런데 상위노출이 되지 않았는데 그 이유를 짐작할 수 있었다.

"원장님, 혹시 글을 포스팅하실 때 치과 밖에서 하시죠?"

"네, 그걸 어떻게 아셨습니까? 내가 자주 다니는 카페와 도서관에서 포스팅을 합니다."

"여러 곳에서 작성을 해서 블로그가 저품질에 걸린 것으로 생각합니다."

네이버 검색 알고리즘은 동일한 블로그에 다른 아이피가 접속을 해서 포스팅을 하면, 이를 어뷰징, 광고로 인식하여 블로그를 저품질로 만든다. 따라서 고정된 한 장소의 아이피로 블로그 운영을 해야 하며 장소를 바꿔가면서 포스팅 발행하는 것을 피해야 한다. 이는 여행이나 출장 중에도 마찬가지다. 장소가 바뀔 때는 글을 작성하여 '저장'을 해놓은 후, 고정 아이피의 장소에서 '발행'을 하는 것이 좋다. 스마트폰, 노트북, 태블릿PC는 어디서나 사용하기 좋은 이점이 있지만, 블로그 운영에서만큼은 각별히 유의해 하나의 아이피를 사용해야 블로그 저품질을 예방할 수 있다.

보통 원장님은 한 개의 아이피로 여러 개의 블로그를 운영하는 경우가 많다. 이때 한 개 블로그가 저품질이 되면 다른 블로그를 운영하더라도 동일하게 저품질이 된다. 한 개 블로그가 저품질에 걸려 다른 블로그를 정상적으로 운영하려면, 다른 아이피를 사용해야 한다.

같은 아이피의 공유기를 사용하는 병원도 유의해야 한다. 공유 아이피를 사용하는 병원 구성원 중의 한 블로그가 저품질에 걸리면, 공유 아이피를 사용하는 모든 구성원의 블로그 전체가 저품질이 될 수 있다. 이와 더불어 같은 아이피의 공유기를 사용할 경우, 다른 아이디를 가진 병원 구성원이 병원 브랜드 블로그에 댓글을 달면 이는 어김없이 저품질이 되는 첩경이니 삼가야 한다.

노출을 위한 키워드 선정과 고급 이미지

• • •

　원장님 직접 쓴 글은 결국 환자들이 읽어야 한다. 환자가 아픈 증상과 병명, 치료법 등에 대한 키워드 검색을 했을 때 원장님 블로그가 노출되도록 해야 한다. 따라서 원장님은 글을 작성하는 기준을 철저히 환자에게 두고, 환자가 필요한 내용을 중심으로 포스팅해야 한다. 이 과정에서 키워드가 제목, 본문에 적절히 추가되어야 한다.

　이와 더불어 유의할 것은 이미지이다. 원장님이 장시간에 걸쳐 의료 전문적인 글을 작성했는데, 이미지 품질이 떨어지거나 같은 것을 반복해서 사용하면 저품질이 될 수 있다. 특히 반복해서 동일 이미지를 사용하면 유사문서로 인식이 되어 블로그가 저품질이 된다. 글이 중요하다는 생각에 매몰된 나머지 이미지를 간과해서는 안 된다. 최고 이미지와 썸네일이 블로그 포스팅의 질을 확 끌어올린다.

HOSPITAL MARKETING

· 3부 ·
네이버의 다양한 마케팅 툴

01
최상단에 노출되는 파워링크

환자 고객이 검색 시 네이버에서 최상단에 뜨는 유료 광고 영역이 '파워링크'다. 네이버의 모든 유료, 무료 서비스를 통틀어서 제일 앞부분에 놓여있다. 상위노출을 위해 잘 관리된 블로그보다도 항상 위에 노출이 되므로 광고 효과가 매우 좋다. 그만큼 파워링크의 경쟁률이 치열한 것은 당연하다.

네이버에서 '강남 피부과'를 검색하면 이렇게 수많은 파워링크가 나온다. 가장 먼저 눈앞에 나타나는 것인 만큼 광고 효과가 더할 나위 없이 좋다.

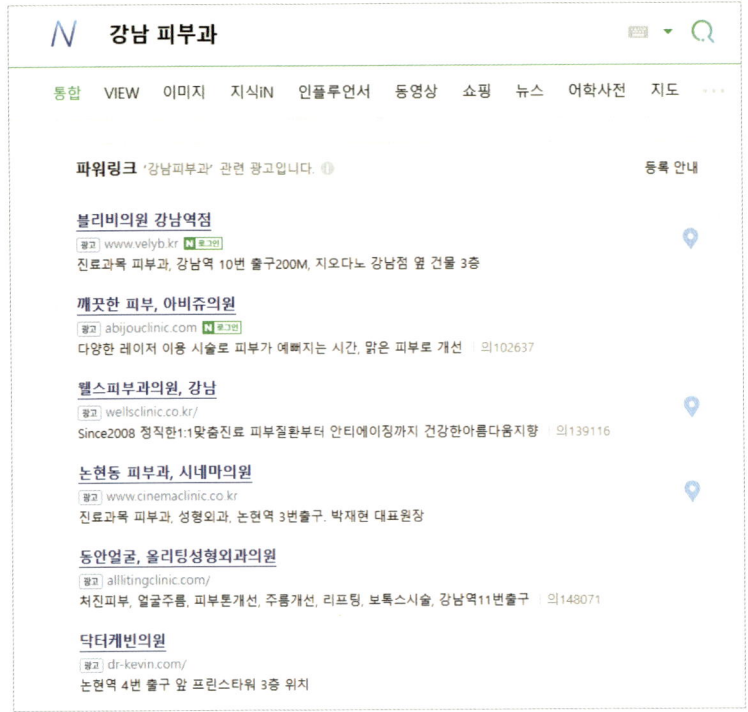

파워링크 광고는 컴퓨터에서 첫 페이지에 최대 10개, 모바일에서 첫 페이지에 5개가 노출된다. 환자들은 파워링크의 경우 앞에 있는 것은 물론 뒤에 있는 것까지 내려와서 살펴보는 경향이 있으므로 첫 페이지에 노출이 된다면 광고 효과를 낼 수 있다. 파워링크 광고를 하려면 네이버 화면 하단의 〈비즈니스·광고〉를 클릭하여 '광고' 메뉴의 '검색광고'를 선택한 후 '광고시스템'에 접속하면 된다. 곧바로 검색창에서 '네이버광고'를 검색하면 찾을 수 있다. 회원가입이 필수다.

파워링크 마케팅을 할 때 유의해야 할 사항 4가지를 살펴보자. 참고로 골드닥터스에서는 무료로 파워링크 등록 및 관리를 해주고 있다.

적절한 광고 비용 책정

파워링크의 비용은 입찰제 CPC 방식으로 과금이 된다. CPC(Cost Per Clic)는 '클릭당 비용'이라는 의미로, 경쟁률이 높은 키워드일수록 많이 비용이 들어간다. 실시간 입찰로 가격이 결정되기에 경쟁률 높은 피부과와 한의원 키워드의 경우 백만 원대에서 몇 천만 원대까지 된다.

병원 입장에서는 어떤 키워드를 선택하느냐에 따라 광고 비용이 큰 폭으로 차이가 난다. 따라서 무조건 원장님이 원하고, 누구나 선호하는 키워드를 사용하는 게 쉽지 않다. 마케팅 예산으로 책정한 비용 안에서 키워드를 선정하여 광고를 진행해야 한다.

환자 유입을 위한 키워드 선정

파워링크는 소재(제목, 설명)가 있는데 여기에 키워드를 넣는다. 소재 제목에는 주로 병원명과 함께 지역명 키워드가 들어가고, 소재 설명에는 진료과목, 시술법, 원장님 대표경력, 세부 위치 등 차별화된 병원만의 강점이 키워드로 들어간다. 여기에 단가가 낮지만 환자들이 많이 검색하는 키워드를 넣을 수 있다. 다음의 예시를 살펴보자.

환자들은 선호도 높은 '강남 피부과' 키워드와 함께 자신의 니즈에 맞는 키워드를 추가로 클릭한다. 예를 들어 여드름이 고민인 분은 '강남 피부과 여드름', 흉터가 고민인 분은 '강남 피부과 흉터'식으로 추가 키워드를 넣어 검색을 한다. 따라서 소재 설명에 '여드름', '흉터 제거' 등의 키워드를 넣을 경우 해당 환자가 클릭하게 된다.

의료법 심의를 받아야 하는 소재

• • •

앞서 '강남 피부과' 파워링크 광고 사례를 캡처하여 소개했다. 이를 유심히 보면, 다른 파워링크 광고와 다른 점이 눈에 뜨인다. 소재 설명

끝에 '의102***'와 같은 숫자가 보이는데 이것이 병원이 사전심의를 통해 부여받는 심의필 번호다. 치과는 대한치과의사협회, 한의원은 사단법인 대한한의사협회, 나머지는 진료과목 병원은 대한의사협회 의료광고 사전심의를 반드시 받아야 한다. 치과의 경우 '치******', 한의원의 경우 '한******', 그 외 진료과 병원의 경우 '의******'와 같이 각각 '치','한','의'자를 숫자 맨 앞에 넣어 구별되게 했다.

심의를 받을 때 글자 제한 수가 있다. 소재 제목은 띄어쓰기 포함 15자 이내, 소재 설명은 띄어쓰기 포함 45자 이내여야 한다.

부정 클릭에 유의하기

파워링크의 광고비는 클릭할 때마다 늘어가는 구조다. 경쟁률이 높은 키워드로 광고를 하여 잘 노출이 되면 그만큼 많은 환자들이 병원의 파워링크를 클릭하게 된다. 이렇게 해서 광고비 지출이 되면 될수록 많은 환자들의 병원 내원을 기대해볼 수 있다.

하지만 이를 악용하는 사례가 있다. 인천시에서 10년 넘게 척추병원을 운영해오던 한 원장님이 피해를 당해서 필자에게 하소연을 해왔다.

"근처에 정형외과가 새로 생기면서부터 우리 병원 파워링크 광고로 나가는 월 비용이 수백 만원 이상 증가했습니다. 조사를 해보니,

아이피 주소가 한 곳이었는데 그곳이 바로 새로 생긴 정형외과더라구요. 참으로 어처구니 없는 일을 당했지 뭡니까?"

경쟁 병원에서 의도적으로 그 척추병원의 파워링크를 부정 클릭을 한 것이다. 이를 통해 광고비를 소진 시켜서 척추병원에 경제적 피해를 입게 했다. 실제로 경쟁 병원의 직원과 원장님, 마케팅사에서 부정 클릭 행위를 심심치 않게 접할수 있다. 이는 엄연히 영업 방해의 사이버 범죄다. 참고로, 부정 클릭을 발견했다면 이를 네이버에 신고하여 환불받을 수 있다.

파워링크의 효과는 매우 크다. 골드닥터스에서는 실시간 단톡방에서 이에 대해 주기적인 피드백이 전달이 된다. 이러한 실시간 피드백을 통해 파워링크 광고 효과가 극대화되고 있다. 다음의 이미지를 살펴보자.

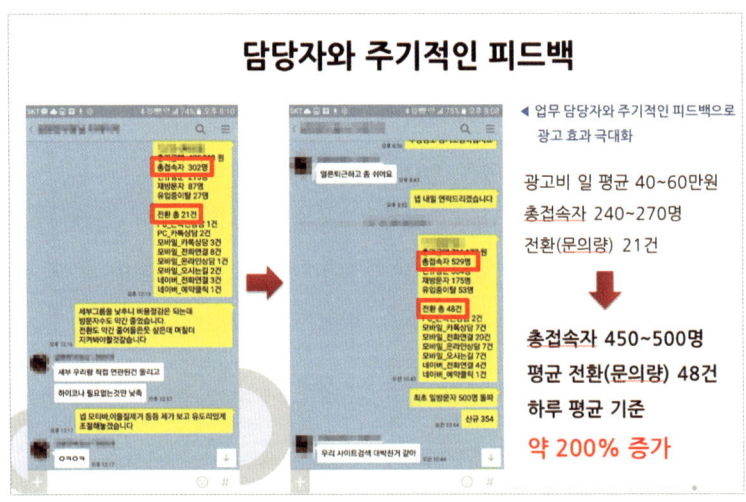

02
스마트 플레이스의
상위노출 비법 3가지

    사업자로서 원장님들이면 누구나 필수로 운영해야 하는 것이 네이버 스마트 플레이스다. 블로그처럼 무료로 사용할 수 있는데, 상당히 광고 효과가 높다. 네이버에서 병원 검색 시 제일 앞에 노출되는 파워링크 다음으로 노출이 된다. 잘 관리하여 상위노출이 된다면 병원 마케팅 효과를 볼 수 있다.

    가령, 환자가 '인천 치과' 검색을 하면, 첫 페이지에 치과 파워링크 10여 개가 나온다. 당연히 치과 플레이스는 그 다음에 나온다. '인천 피부과', '인천 성형외과', '인천 한의원'을 검색해도 마찬가지다. 광고 서비스 파워링크 다음으로 무료로 노출되는 스마트 플레이스는 상당히 유용한 광고다.

환자는 플레이스에 노출된 병원을 보면서, 병원의 위치와 병원 소개, 리뷰 등을 살펴본 후 한 곳을 선택하여 내원한다. 플레이스에서도 노출되는 순위가 있다. 당연히 앞에 노출되는 것이 좋기 때문에 플레이스 상위 노출을 위해 잘 준비를 해야 한다. 플레이스 영역에서도 병원들의 경쟁이 치열하기에 전략적으로 플레이스를 관리하는 것이 좋다. 이를 위해 네이버 화면 하단의 '지역업체 등록'을 클릭하여 네이버 스마트플레이스에 가입을 하는 것이 우선이다. 그러면 스마트플레이스 상위 노출을 결정짓는 3가지 요소를 살펴 보자. 참고로, 골드닥터스에서는 무료로 스마트 플레이스 관리 및 댓글 관리를 해주고 있다. 원장님은 직접 네이버에 충전 비용만 지출하면 된다.

검색 키워드에 맞는 상품의 연관도

환자가 검색을 했을 때 네이버 알고리즘으로 관련된 병원을 노출시키는 기준이 연관도이다. 환자들은 통상 '병원명', '지역명 + 병원명', '지역명 +진료과목'을 검색한다. 병원 플레이스의 키워드가 이것과 연관도가 떨어진다면 노출이 되지 않는다. 따라서 병원이 잘 노출이 되려면 병원명, 대표 키워드, 주소에 이를 잘 반영해야 하며, 그리고 카테고리를 정확히 설정해줘야 한다.

이는 네이버 스마트 플레이스 서비스 회원 가입시에 업체정보의

'기본정보'에서 세심하게 작성하면 된다. 가령 인천에 사는 한 환자가 치과를 찾아서 네이버에서 '인천 치과'라고 검색을 한다고 하자. 그러면 다음과 같이 인천 치과의 플레이스가 노출이 된다.

이 치과들은 스마트플레이스를 잘 관리하여 상위노출이 되었다. 이들은 특히, 네이버 알고리즘에 의해 환자가 검색을 할 때 노출이 될 수 있도록, 키워드를 잘 선별해놓았다. 스마트 플레이스의 기본정보에 '인천' 키워드가 없는 병원은 여기에 노출이 되지 않는다.

참고로, 맨 앞의 두 치과는 '광고'라고 표시가 되어 있는데 이는 유료로 스마트 플레이스 광고를 진행하여 상위노출시킨 것이다. 광고를 하고자 할 때 곧바로 검색창에서 '네이버광고' 검색하여 사이트를 접속하면 된다. 네이버 스마트 플레이스 광고는 입찰가를 통해 랜덤으로 노출되는 광고로서, 최저 입찰가가 클릭당 50원에서 최고 3만 원까지 되는데 가성비가 뛰어나다.

한 지역에 한 병원만 스마트 플레이스 광고를 한다면 그 병원이 맨 위에 노출이 된다. 한 지역에 광고를 하는 병원이 여러 개이면 네이버 정책상 2시간마다 진행하는 순위 교체에 의해서 순위가 변경된다. 네이버에서는 하루 최고 광고비를 3만원으로 한정시키고 있다. 스마트 플레이스의 경우, 많은 비용을 내어 최상단 노출을 하는 것이 가능하지 않다.

판매 실적과 최신 정보의 인기도

노출 면에서 많은 고객이 유입되는 스마트 플레이스와 그렇지 않는 스마트 플레이스가 결코 같을 수 없다. 전자가 노출되는데 유리한 것이 당연하다. 네이버 알고리즘에 의해 스마트 플레이스 고객 유입 수, 통화와 예약 건수 그리고 예약 리뷰, 영수증 리뷰가 많을수록 노출이 잘된다. 유입이 많으면 이는 곧 판매 실적이 좋은 것으로, 리뷰가 많으면 최신 정보가 올려진 것으로 네이버 알고리즘이 파악하는데 이를 통해 인기도 점수가 매겨진다.

결국, 인기도는 클릭수에 따라 비례한다. 클릭이 많아질수록 판매가 많아지고 또 리뷰도 많이 달린다. 따라서 원장님은 클릭수를 늘이기 위해, 이벤트를 하거나 체험단을 활용해보는 것이 좋다. 환자들은 아무래도 똑같은 조건에서 혜택이 있는 병원을 찾기 마련이며, 체험단을 이용하여 긍정적인 리뷰를 많이 작성하면 유입 수가 늘어난다.

높은 방문 리뷰 평점과 규정 준수의 신뢰도

고객의 리뷰가 좋으며, 어뷰징 같은 규정 위반 행위가 없을 때 신뢰도가 높아진다. 이는 하루아침에 만들어지지 않는다. 병원 자체적으로 내부 마케팅이 잘 되어, 고객만족 서비스가 이루어져야 환자 고객으로부터 높은 평점의 리뷰를 받을 수 있다. 이와 더불어 네이버 규정에 위반되는 행위를 무심코 하고 있지 않은지 늘 체크하고 미리 방지하는 것이 좋다.

부정적 리뷰로 인해 평점이 낮거나 규정을 어겼을 경우는 플레이스의 신뢰가 떨어진다. 특히 주의할 것은 규정 준수이다. 부정적인 방법으로 리뷰 수와 예약 건수 등을 올리는 행위는 네이버 알고리즘으로 시시각각 체크하여 페널티를 주고 있으므로 절대 주의해야 한다.

병원 브랜드 블로그처럼, 평생 병원의 운명과 함께 해야 하는 것이 스마트 플레이스다. 초심을 잃지 않는 고객만족 서비스를 통해 스마트 플레이스의 신뢰도를 높여야 한다.

빠르게 의료심의 받으려면

스마트 플레이스 광고를 하려면 반드시 소재와 이미지에 대해 의료심의를 받아야 한다. 앞서 파워링크에서 언급한 것처럼, 소재 설명 끝에 '의102***'와 같은 글자가 사전심의를 통해 부여받는 심의필 번호다. 심의 기간은 평균 20~30일이 걸린다. 그런데 원장님 입장에서는 소재 문구 작성이 어려운 게 사실이다. 이때는 다른 지역의 동일 진료과목 병원의 플레이스 소재 문구를 참고하여 비슷하게 설정하는 것이 좋다. 다른 지역의 문구는 이미 심의를 받은 것이므로 심의를 빠르게 받을 수 있다. 참고로, 다른 지역 문구를 유사하게 사용하더라도 저작권 위배가 되지 않는다. 다른 병원의 문구를 참고하지 않고 혼자 이것저것을 생각하다가는 의료심의에 통과가 되기 힘들 수 있다.

03
고품질 의료 정보의 파워컨텐츠

 '딸 치아 교정을 해야 하는데, 치아 교정이 어떤 종류가 있고 비용이 얼마나 되지?'
 '척추 디스크가 왜 생기고, 어떻게 예방해야 할까?'
 '피부 흉터 치료에 레이저가 좋다는데 흉터가 전혀 안 생길까?'
 이는 환자 고객들이 궁금해하는 사항이다. 병원을 선택하기 위해 어느 병원이 좋은지를 알고 싶은 것이 아니라 질환에 대한 여러 가지 정보와 지식에 대해 알고 싶어하는 것이다. 질환 발생 원인과 예방법, 치료법과 비용이 대표적이다.
 이러한 궁금증이 생긴 환자는 네이버에서 검색을 한다. 이때 다양한 출처에서 이에 대한 정보가 나오는데 환자들은 특히 의료 정보의 블로그 포스팅을 유심히 살펴보게 된다. 상위 노출된 블로그가 환자들의 눈을 잡아끈다. 이때 파워컨텐츠 유료광고 서비스를 한다면, 해당 블로그의 포스팅이 블로그 영역의 맨 위에 노출이 된다.

'브랜드 콘텐츠'로 나오는 파워컨텐츠

• • •

환자가 치아 교정을 하고 싶은 생각이 있다. 치아 교정에 대해 알아보고자 네이버에서 키워드 '치아 교정'을 넣고 검색했다. 그러면 유료광고 파워링크를 지나서 '치아 교정' 키워드로 포스팅한 블로그가 아래처럼 노출이 된다. 스마트 플레이스보다 앞에 나온다. 이것은 파워컨텐츠 유료 광고로 다른 블로그들보다 앞에 놓이게 된다. 광고 효과가 매우 뛰어나다.

파워컨텐츠도 경쟁률이 있으며 광고시 상황에 따라 많은 비용이 나올 수 있다. 파워컨텐츠 광고를 하려면 검색창에서 '네이버광고' 검색하여 사이트에 접속하면 된다. 이때 '정보형'과 '상품형'의 2개의 광고 유형이 나오는데 의료기관인 병원은 '정보형'으로 진행하면 된다. 광고 비용은 키워드 노출 순위에 따른 클릭당 과금 방식(CPC)으로 입찰가는 최소 70원에서 시작한다. 경쟁률이 높은 키워드일수록 입찰가가 높아지며 그에 따라 노출이 잘 되고 환자들의 많은 클릭이 생긴다.

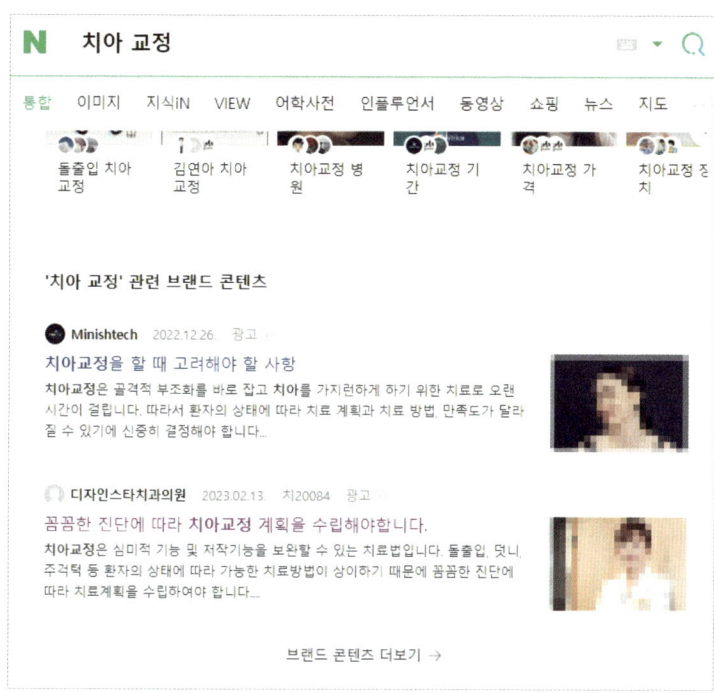

　　키워드는 네이버에서 파워컨텐츠로 진행 가능한 키워드의 가이드라인 내에서 정해야 한다. 임의대로 키워드를 정해서 광고를 할 수 없는 구조다. 또한 광고 영역이므로, 반드시 의료심의를 받아야 한다.

　　특히, 파워컨텐츠에 노출되는 광고 그대로 디스플레이 광고(DA) 영역 곧 네이버 모바일 뉴스. 블로그, 카페, 지식인 등의 지면에 노출이 가능하다. 이는 별도로 등록을 할 필요가 없으며, CPC방식으로 과금이 된다.

파워 있는 콘텐츠의 특징 3가지

● ● ●

파워컨텐츠 광고의 목적은 많은 환자가 노출된 블로그의 파워콘텐츠를 클릭하는 데 있다. 기껏 유료광고를 해서 상위에 노출을 시켜놨는데 환자들이 글을 많이 보지 않는다면 이는 곧 신환 전환에 치명적이다. 따라서 광고를 진행할 때 블로그에 고객 환자 니즈에 맞으면서도 일관성 있게 글을 올리는 것이 중요하다. 그래야 파워 있는 콘텐츠가 되는데 그 특징은 3가지다.

1. 고 관여도

검색 이용자가 궁금해할 내용이 있다. 환자 고객이 검색하는 키워드에 대한 직접적인 연관 내용을 담아야 한다. 환자들이 궁금해하는 부분을 친절하게 자세히 설명해줘야 한다. 환자 입장에 서서 환자에게 유익한 정보가 무엇인지를 생각한 후 그것을 포스팅하는 것이 좋다. 이때 의사만이 제공할 수 있는 전문성을 갖춘 알찬 정보를 제시해줘야 한다.

2. 저 상업성

초반에는 정보성 콘텐츠를 제공하여 신뢰 관계를 만든다. 홍보는 정보성 콘텐츠와 자연스럽게 수렴되도록 작성되어야 한다. 아무리 정보성 콘텐츠를 제공한다고 해도 그것으로 끝난다면 광고 의미가 없다. 그렇다고 홍보콘텐츠를 전면에 내세우면 환자들이 도중에 읽다가 나가버리고 만다. 환자들이 글을 끝까지 완독한 후에 자연스럽게 홍보 콘텐츠(전화 걸기, 상담하기)를 접하게 하는 것이 좋다.

3. 단일 콘셉트

명확한 콘셉트가 있다. 진지하게 정보성으로 갈 것인가? 재미있게 오락성으로 갈 것인가? 명확한 콘셉트를 세워서 일관되게 글을 작성해야 한다. 단일한 콘셉트가 콘텐츠의 질을 높이고 글의 가독성을 높인다. 병원의 경우, 콘셉트를 정보성에 두고 '사용기(후기)', '경험담(체험담)', '전/후 비교', '제품(서비스) 선택 가이드', '큐레이션(리스트로 일목요연하게 나열)' 등의 요소를 활용하자.

정보형 병원 파워컨텐츠 작성 필살기

• • •

제목은 키워드가 정확히 반영이 되는 것은 물론 정보 전달 투로 작성한다. '~~해야 합니다.', '~~에 대한 정보', '~ 에 대한 치료법은?' 이런 제목을 본 환자 고객이 호기심으로 글을 클릭하게 된다. 본문은 앞서 상위노출 블로그 포스팅 비법과 같다. 본문에 반복적으로 키워드를 넣어주는 것이 좋으며, 중간 제목을 넣고, 한 문단은 최대 5줄 정도로 해서 간결한 문장의 구어체, 경어체로 작성하면 좋다.

이와 더불어 글의 가독성을 높여주기 위해 고품질의 이미지, 동영상을 넣어주는 것이 효과적이다. 그래야 환자들은 계속해서 글을 따라 읽어내려가게 된다.

글의 맨 하단에 이르러서 비로소 자연스럽게 홍보성 글을 작성하면 된다. 환자들은 충분히 자신이 궁금했던 정보의 글을 읽은 후에 글을 작성한 원장님의 병원에 대한 글을 보기 때문에 저항감이 적다. 자연스럽게 환자들은 홍보 글을 보고, 해당 병원을 내원하고자 하는 마음을 갖게 된다.

04
강력한 입소문의 네이버 카페

"회사 출근길에 있는 모 성형외과에 한번 가볼까 해서 검색해봤어요. 근데 그 병원에 대한 댓글과 후기가 많지 않아서 가야 할지 망설여지네요."

"척추 수술을 받아야 하는데 큰 수술이다 보니, 환자 후기를 많이 찾아보게 돼요. 같은 환자들의 댓글, 후기가 좋은 병원이 더 믿음이 갑니다."

후기와 댓글에 대한 환자 고객들의 생각을 엿볼 수 있다. 긍정적인 댓글, 후기가 환자로 하여금 해당 병원에 대한 호감도를 끌어올린다. 반면에 부정적인 댓글, 후기는 병원에 대한 평가를 나쁘게 하여 내원률을 떨어뜨린다. 댓글과 후기가 거의 없는 것도 병원에 좋지 않은 영향을 미치는 게 사실이다.

요즘 환자들은 마케팅사의 가공된 병원 광고보다는 오히려 환자들의 진솔한 후기와 댓글을 보고 더욱더 병원을 내원하고자 하는 마음이 생긴다. 이는 화장품, 패션, 음식 등의 제품도 마찬가지다. 광고회사의 거창한 홍보가 아닌 소비자들의 일상 속의 체험, 후기, 댓글이 더 큰 홍보 효과를 내어, 제품 매출을 크게 신장시키고 있다.

강력한 입소문을 내는 것으로 네이버 카페의 위력이 대단하다. 특히, 수만 명에서 수십만 명이 모인 맘카페에서의 댓글, 후기는 그 어느 마케팅보다 다 강력한 효과를 낸다. 육아를 하는 같은 엄마의 입장에서 솔직하게 체험을 적은 댓글, 후기보다 더 믿음을 주는 것이 없기 때문이다. 이것만으로 네이버 카페의 마케팅 가치를 재확인할 수 있다.

아무리 블로그가 중요하다고 해도 카페를 절대 간과해서는 안된다. 원장님이 직접 카페를 관리 운영하는 것도 상당히 큰 마케팅 효과를 낸다. 카페의 중요성 3가지를 살펴보자.

뷰영역에 키워드 상위노출 가능

• • •

블로그의 키워드를 상위노출하는 것처럼, 카페 키워드의 상위노출이 가능하다. 뷰영역에서는 블로그와 카페가 합쳐져서 전체로 나오는데 여기에서는 대체로 카페 노출이 뒤로 밀린다. 뷰영역의 상단에 노출된 것은 거의 다 잘 관리된 블로그라 보면 된다. 그런데 최적화 블로그에 못지않게 잘 관리된 카페가 상위권에 노출이 될 수 있다.

   환자가 키워드로 검색 후 뷰영역 상위에 노출된 여러 개의 블로그를 대충 보고 나서 밑으로 내려오다가 댓글이 달린 카페의 글을 클릭할 수 있다. 키워드 검색 시 뷰영역 노출된 블로그의 글과 카페 글의 가장 큰 차이점이 바로 댓글이다. 이 댓글은 광고회사가 아닌 환자 고객의 입장에서 적은 것이기에 그냥 지나치기 어렵다. 일단 한번 댓글을 본 환자는 환자의 생생한 댓글과 후기를 더 보고 싶어진다.

   이때, 환자는 뷰영역의 '카페'를 클릭한 후, 카페의 글만 살펴보게 된다. 환자가 '강남 안과'로 네이버 검색을 한 후, 블로그 글을 보다가 댓글만 보고 싶어졌을 때 뷰영역의 '카페'를 클릭하면 이런 화면이 나온다. 따라서 카페에도 핵심 키워드가 노출되도록 신경을 쓰는 것이 좋다.

병원 카페의 실질적인 효과는?

• • •

핵심 키워드를 상위 노출시키기 위해서는 무엇보다 병원의 자체 카페를 개설 관리하는 것이 좋다. 그러면 원하는 키워드를 주기적으로 노출을 시킬 수 있다. 그런데 키워드가 상위 노출되려면 카페가 개설된 시간이 어느 정도 되고, 또 회원수도 어느 정도 확보되는 것이 필요하다. 따라서 병원 카페는 회원이 없는 상태에서 시작하기보다는 일정 정도 회원 수가 있는 카페를 양도받는 방법을 활용해볼 수 있다.

이것이 가능한 이유는 네이버 카페는 공식적으로 매니저 위임 기능이 있기 때문이다. 그러므로 매니저 위임을 통해 시작 단계에서 최적화 카페를 운영하는 것이 상위노출에 큰 효과를 낸다. 그런데도 대부분 카페를 하지 않는 것이 현실이다. 그렇지만 병원에서 별도로 마케팅의 인력이 있다면 반드시 카페를 해보길 추천한다.

수백 만 명의 회원 수를 거느린 유튜버들이 알고 보면 카페를 하고 있는 경우가 적지 않다. 카페를 하는 이유는 수백 만 명의 회원들을 한곳에 모아서 집중 관리할 수 있는 이점이 있기 때문이다. 카페에는 회원들에게 보낼 수 있는 메시지(쪽지, 단체 메일) 전달 기능이 있으며, 이와 더불어 회원들이 자유로운 후기와 댓글을 올릴 수 있다. 이를 통해 병원 이미지 제고를 할 수 있고 각종 병원의 이벤트 홍보와 행사를 진행할 수 있다. 이런 이유로 여전히 네이버 카페의 위력이 시들지 않고 있다.

강력한 바이럴 마케팅의 맘카페 활용하기

• • •

맘카페는 지역 상권을 쥐락펴락할 정도로 막강한 입소문 파워를 낸다. 지역 병원도 맘카페의 후기와 댓글에 의해 조성된 여론에 의해 좌지우지된다. 맘카페에서 안 좋은 병원이라고 후기와 댓글이 달리면서 부정적인 여론이 생긴다면 이는 병원에 치명적이다. 따라서 원장님은 늘 지역 맘카페의 여론 동향에 귀를 기울여야 한다.

그렇다면 어떻게 지역 육아맘들로부터 긍정적인 여론을 만들 수 있을까? 가장 확실한 것은 지역 맘카페의 협력 병원으로 제휴하는 것을 고려해볼 수 있다. 협력 병원으로 메뉴에 노출이 되려면, 수백만 원의 비용이 든다. 일단 한자리를 잡고 나면, 수많은 회원들로부터 신뢰를 얻을 수 있고 수시로 상담과 문의를 받을 수 있다. 이를 통해 상당히 큰 광고 효과를 낸다. 그 외에 제휴를 통해 '의료 상담 코너'의 한 자리를 얻는 것도 좋다. 자유롭고 편한 상담이라는 형식을 통해 병원 호감도와 인지도가 저절로 높아지게 된다.

이러한 과정을 통해, 맘카페 회원들이 해당 병원을 내원하게 된다. 그리고 만족스럽게 진료를 받은 회원들은 자발적으로 후기, 댓글을 올리게 된다. 이러한 글들이 꾸준히 많이 축적이 된다면 이것이야말로 엄청난 병원 홍보 글이 된다.

원장님들은 맘카페의 위력을 익히 잘 알고 있다. 그래서 맘카페에 어떤 글이 올라올지 노심초사하는 것이 사실이다. 그렇다면 원장님은 막강한 맘카페를 어떻게 효과적으로 활용할 수 있을까? 그것은 딱 하나다. 필자는 원장님에게 이렇게 강조하고 있다.

"맘카페 후기, 댓글이 걱정이십니까? 걱정에서 벗어나는 방법은 딱 하나입니다. 실제 내원한 환자 한명 한명에게 고객만족 서비스를 제공하는 것이다. 100%에 안주하지 않고 120%, 130% 만족 서비스를 제공하십시오. 그러면 자발적으로 환자들이 맘카페에 병원에 대한 긍정적인 글을 올리게 됩니다."

05
광고 효과 높은 지식iN

네이버가 검색 포털로 크게 성장할 수 있었던 원동력이 바로 지식iN이다. 이는 '질문형 지식 검색' 서비스로 네이버를 확고부동한 검색 서비스 1등으로 만들었다. 현재도 많은 분들이 지식iN을 이용해 궁금한 지식을 얻고 있다. 이런 추세가 꺾이기는커녕 더 완강하게 유지되고 있다.

환자 고객들 역시 지식iN을 통해 의료, 건강 지식을 구하고 있다. 가령, 50대 환자가 충치가 생긴 어금니 두 개를 빼서 임플란트 두 개를 하고 싶을 경우, 이렇게 질문을 남긴다.

"50대 직장인 남성입니다. 오랫동안 충치를 그대로 방치했는데 신경이 죽어서인지 통증이 없었습니다. 그런데 최근 음식을 먹는데 너무 불편해서 아무래도 발치를 하고 임플란트를 해야 할 것 같네요. 직장인으로서 임플란트 두 개를 하다 보니 비용이 궁금합니다."

또한, 여드름으로 고민인 20대 여성은 이렇게 질문을 남긴다.

"고등학생 때부터 심한 여드름 때문에 고민이 많았어요. 올해 대학생이 되어서 시간적 여유가 생겨서 여드름 치료를 받으려구요. 어떤 치료가 좋고 비용은 어느 정도 할까요? 참 그리고 붉은색 기운이나 흉터가 생길 수 있다는데 그것도 걱정이 되네요."

이러한 고객 환자의 질문은 아무나 답변해서는 곤란하다. 따라서 네이버에서는 전문가로서 의사가 답변을 달도록 시스템화되어 있다. 지식iN에서는 의사, 치과의사, 한의사, 노무사, 세무사, 변리사, 수의사, 약사, 영양사들이 전문사로 전문적인 답변을 해주는 서비스를 하고 있다. 그래서 50대 임플란트 비용이 궁금한 환자의 질문에는 치과의사가, 여드름이 고민인 20대 여성의 질문에는 피부과 의사가 전문적인 답변을 해주고 있다.

환자들은 궁금증에 대해 친절하게 답변을 해준 의사님을 그냥 지나치게 힘들다. 그 의사님이 누구인지, 병원이 어느 곳에 있는지, 병원의 홈페이지와 블로그 등을 찾아보게 되어 결국 그 병원의 잠재고객이 된다. 지식인은 병원 광고 효과가 크다.

신뢰도 높은 지식iN

지식iN은 통상적으로 뷰영역 다음에 노출이 된다. 환자들이 궁금한 점에 대해 키워드 검색 시 우선 뷰영역의 블로그, 카페 등을 보게 되는데 병원 광고라고 거부감을 가질 경우 클릭을 하지 않고 내려온다. 이때 곧장 지식iN을 만나게 된다. 이곳은 환자들이 질문을 하고, 그에 대해 의사들이 답변을 공개적으로 하는 것이니만큼 믿을 수 있다고 생각하여, 앞에 있는 글부터 클릭해서 읽어내려간다.

자신이 궁금했던 것에 대한 질문 여러 가지와 그에 대한 의사님 답변이 여러 개를 살펴보면서 궁금증을 해소한다. 지식iN에는 치료법, 비용, 증상, 수술후 관리법 등 거의 모든 것에 대한 지식이 있다고 보면 된다.

환자 유입을 유도하는 다양한 기능

지식iN에서는 환자가 질문을 하면, 의사가 답변을 남긴다. 여기서 주목해야 할 것은 답변하는 의사 이름과 함께 얼굴 사진이 나온다는 점이다. 이와 더불어 예약 기능이 있고, 홈페이지와 위치를 알 수 있는 네이버 지도가 연동되어 있다. 따라서 만약 위에서처럼 사랑니에 대한 질문을 올린 환자는 친절하게 답변을 해준 의사님 이름과 얼굴을 기억하게 되고, 더 나아가 호감과 신뢰가 생길 경우 홈페이지와 위치를 살펴보고 나서 예약을 하게 된다. 다음의 이미지를 참고하자.

또한 의사님 프로필에 사진, 소개, 병원명, 학력, 전문진료 분야 등이 소개가 되어 있다. 원장님에 대해 자세히 알고 싶은 환자는 이 프로필을 보고 나서 해당 병원을 내원하기로 결정 하게 된다.

사랑니 통증에 대해 궁금한 환자가 많다. 이 환자들이 네이버에서 '사랑니 통증' 키워드로 검색을 한다면 같은 환자들이 질문에 대한 답을 올린 지식iN을 반드시 살펴보게 된다. 따라서 '사랑니 통증' 키워드로 노출된 원장님의 답변은 훌륭한 광고 효과를 낸다. 사랑니 통증에 대해 궁금해하는 전국의 환자들이 원장님의 답변을 찾아볼 수 있기 때문이다. 원장님이 직접 지식iN에 올린 답변 한 개가 환자 유입에 큰 영향을 미치게 된다.

꾸준하고 성실한 답변이 중요

의사라고 해서 누구나 지식iN 활동이 곧바로 가능한 것이 아니다. 네이버의 제휴기관인 대한의사협회, 대한치과의사협회 등에 신청을 해야 한다. 의사로서 지식iN 전문가라고 해서 모든 지식iN 의사들이 똑같은 게 아니다.

많은 답변수와 더불어 채택 답변수와 답변 채택률에 따라 '하수'에서 '절대신'까지 19등급이 있다. 환자 고객은 이 등급을 알아본다.

상위 등급인 의사일수록 환자 고객은 호감도를 갖기에 답변 채택률이 높아진다.

지식iN의 효과는 금방 나타나지 않는다. 원장님이 진료 외에 환자와 상담하는 시간을 분배한다는 생각으로 일정 시간을 투자하여 오래도록 꾸준히 답변을 해주는 것이 좋다. 성의없이 단답형으로 답변을 다는 것은 환자에게나 병원에 좋지 않다. 한 개의 답변을 달더라도 마치 환자와 일대일로 마주 앉아서 상담한다는 생각으로 친절하고, 자세하게 진정성 있게 답변을 하자. 지식iN에서의 환자 질문에 대한 답변 글에는 원장님의 인격이 드러난다는 사실을 기억하고. 세심하게 답변을 하는 것이 중요하다.

06
공신력 높은 언론보도, 네이버 뉴스

　요즘 환자들은 의료 정보에 대한 지식이 꽤 높다. 네이버 검색을 통해 다양한 정보를 얻기 때문이다. 환자들은 자신의 건강에 어떤 이상 증상이 나타나면 곧바로 스마트폰을 손에 들고 네이버 검색을 한다. 자신의 증상을 표현하는 키워드 검색으로 첫 화면에 노출된 자료들을 아래로 내려오면서 읽는다. 이때, 광고를 접하면 속으로 이런 생각을 한다.
　'이건 광고군. 일방적인 홍보야. 좀더 객관적으로 믿을 수 있는 정보가 없을까?'
　그리고 나서 다시 블로그 글이나 지식iN의 글을 읽는다. 이때, 진솔한 후기 글, 친절한 원장님의 글을 보면서 어느 정도 객관적인 지식을 얻었다고 생각한다. 그러면 여기서 끝일까? 아니다. 계속 아래로 내려가다가 하단에 나오는 '뉴스'를 접한다. 여기서 이런 생각을 한다.

'오호, 여기는 신문 기사잖아. 공신력 있는 언론 기관에서도 내가 궁금한 정보에 대한 글이 있단 말이지. 그럼 이 글이 제일 믿을 수 있겠네.'

환자들이 궁금한 의료 정보가 어디에 올려졌을 때 가장 신뢰도가 높을까? 그것은 언론기관의 언론보도 곧 신문 기사다. 언론사의 브랜드를 걸고, 노출된 신문 기사이므로 누구나 믿을 수 있다. 인터넷상에는 출처 불명의 정보들이 어지럽게 널려있다. 각종 사이트와 블로그에서 저마다 의료 정보를 노출 시키고 있다. 이 가운데 객관적으로 정확한 정보를 어떻게 걸러낼 수 있을까? 일반인 환자로서는 결코 쉽지 않다. 일반인 환자로서 가장 확실한 정보를 얻는 방법은 네이버의 언론보도 곧 뉴스를 찾아보는 것이다.

네이버 뉴스 영역에 노출되는 언론보도

• • •

언론보도는 네이버와 제휴를 맺은 언론사의 기사가 네이버 '뉴스' 영역에 노출되는 것을 말한다. 네이버 자체에서 언론보도를 하는 것이 아니다. 네이버와 제휴를 맺은 언론사에서 신문기사를 내면, 이것이 포털 네이버 '뉴스' 영역에 노출이 되는 것이다. 아무 언론사나 네이버에 기사를 노출 시킬 수 있는 게 아니다. 따라서 더욱더 네이버 언론 기사의 공신력이 높다고 할 수 있다.

언론보도를 진행하려고 하는 원장님이 주의할 점은 언론사가 네이버와 제휴를 맺고 있는 곳인지를 확인해야 한다는 것이다. 네이버와 제휴를 맺지 않은 언론사의 기사는 해당 언론사의 사이트에서만 노출이 될 뿐 네이버에서 전혀 노출이 되지 않기 때문이다.

환자가 특정 키워드를 검색창에 넣으면, 네이버와 제휴를 맺은 수많은 언론사의 신문기사 중에서 해당 키워드가 들어 있는 신문기사가 네이버 뉴스 영역에 노출이 된다. 유명한 언론사에서부터 지역 언론사, 의료 전문 언론사 등 각종 언론사의 신문기사가 보인다. 이러한 언론보도는 환자들에게 상당한 공식력을 얻는 것이 분명하다. 예를 들어 환자가 '허리 디스크 수술' 키워드를 검색하면 이렇게 뉴스 영역에 신문기사들이 나온다.

신문 기사의 대표적인 형식 2가지

• • •

    원장님들은 주로 칼럼을 많이 발표하고 있다. 환자들이 관심이 많은 진료과목이나 대표 진료과목을 중심으로 원장님이 전문적인 의료 정보를 칼럼 형식으로 소개하고 있다. 언론사의 지면에 발표된 칼럼을 접한 환자들은 원장님이 상당히 권위가 있다고 느끼게 된다. 일반인 환자들은 칼럼이 언론사에서 집필진을 선별하여 청탁하는 것으로 알고 있기 때문이다. 사실로 말하면, 마케팅사를 거쳐서 원장님들이 홍보 차원에서 의료 정보의 칼럼을 발표하는 일이 허다하다.

이와 더불어 병원의 소식, 행사를 기사로 발표하고 있다. 원장님의 특정 진료항목에서 탁월한 임상 성과를 냈거나 유명 학회지에 논문을 발표하는 일이 있을 경우, 이를 언론보도로 발표하고 있다. 그리고 지역 봉사와 기부 활동 등이 있을 경우에도 신문 기사화하기도 한다. 의도적으로 언론보도를 위해 병원 소식과 행사를 진행하기도 한다.

이러한 칼럼, 행사 이벤트 소식 기사의 하단에는 원장님 사진, 병원명 들어가게 된다. 따라서 자연스럽게 환자들에게 병원 홍보가 된다.

일회성이 아닌 지속성이 있어야

네이버 뉴스 영역에 노출되는 언론보도 곧 신문기사의 궁극적인 목적은 딱하나 노출이다. 언론보도를 진행하는 것에도 시간적 경제적 비용이 적지 않다. 그런데 일회성으로 끝나면 그 의미가 미미하다. 장기적 안목을 갖고, 주기적으로 칼럼, 행사와 소식 기사 등을 꾸준히 발표하는 것이 좋다. 이렇게 할 때 환자들이 다양한 키워드를 검색할 때 해당 신문 기사가 노출이 된다.

환자 입장에서는 신문 기사를 꾸준히 많이 낸 원장님이 더욱 공신력 있게 보인다. 검색을 하다가 한 원장님의 신문기사를 보게 된 환자는 또다시 그 원장님의 이름을 검색 가능성이 있다. 이때, 그 원장님의 신문기사가 많이 나온다면 그만큼 환자는 그 원장님이 실력있다고 볼 것이 분명하다.

언론보도는 별도로 복사하거나 링크를 걸어서 블로그, 홈페이지 등에 올려 홍보로 활용할 수도 있다. 이 또한 네이버 뉴스 영역에서 노출이 안 된 것일 뿐, 환자들로부터 상당한 신뢰도를 끌어올 수 있다. 생각해 보라. 원장님의 신문기사 하나 없이 홍보성 글로 도배된 블로그와 원장님의 신문기사가 다수 올려진 블로그, 이 둘이 똑같을까? 절대 그렇지 않다.

HOSPITAL MARKETING

· 4부 ·

끌리는
유튜브 마케팅 비법

01
긴 안목으로
시작해야 할 유튜브

"과거에는 영상 올리기만 하면 유튜브가 잘 되었는데 지금은 그렇지 않다죠? 그래서 병원 유튜브를 시작하기가 망설여집니다."

"지금은 병원 유튜브를 해도 환자 유입에 별 소용이 없다고 하던데요. 구독자도 조회수도 영 신통치 않다고 하더라구요."

"병원 유튜브는 할 필요가 없는 것 아닌가요?"

유튜브에 대한 원장님들의 조심스러운 의견이다. 과거에는 의료 지식에 대해 궁금해하는 이용자가 많은 반면 유튜브 채널이 적어서 다 잘 되었다. 지금이 상황이 바뀌었다. 의료 지식을 알려주는 유튜브 채널이 많이 생겼기 때문이다.

필자는 모든 원장님이 무조건 유튜브를 해야 한다고 보지 않는다. 동네 의원급의 한의원, 마취의학과의 경우 유튜브의 효용가치가 매우 낮다. 유튜브를 제작하는 시간과 비용 대비 효과가 미미하다. 과감하게 시작하시지 말라고 당부드린다. 그런데 줄기세포의 고가 진료, 비용이 많은 수술을 하는 피부과, 성형외과, 비뇨기과, 다이어트 병원을 포함해, 시 전체와 전국의 환자를 타깃으로 하는 번화가, 주요 상권의 병원은 유튜브를 하라고 말씀드린다. 유튜브를 통해 유입되는 환자가 분명히 있기에 그만한 효과가 있다.

잘 나가는 병원은 꼭 하는 유튜브

현재 전국의 원장님들 가운데 유튜브 채널을 만들어 활동하고 있는 분이 있는 반면 그렇지 않은 분도 있다. 필자의 골드닥터스는 원장님이 필요하시다면 제휴를 맺고 있는 최고의 병원 유튜브 제작사에 연결을 해드리고 있다. 이를 통해 최적의 병원 유튜브 영상을 선보이고 있다.

요즘 잘 나가는 병원들은 거의 다 유튜브를 하고 있다. 유튜브가 잘 되는 병원을 보면 어느 원장님이든 부러운 생각이 안들 수 없다. 잘 만들어진 영상 속에 해당 병원 원장님이 나와서 언변 좋게 말을 이어가고, 또 이 영상을 많은 이용자들이 조회를 하는 것을 보면 부러움을 지나서 낙오되는 기분마저 든다. 이러다 트렌드에 뒤처져 병원 운영에 악영향이 오지 않을까 걱정도 든다. 더욱이 요즘은 경기가 안 좋아서, 가능한 모든 마케팅 수단을 강구해야 하는 상황이다.

왜 유튜브 마케팅을 해야 할까?

온라인 마케팅이 효과적으로 되기 위해서는 광고가 많은 사람들에 노출이 되어야 한다. 이렇게 하려면 많은 사람들이 모이는 플랫폼에서 마케팅을 펼치면 된다. 대표적으로 네이버가 마케팅을 하기 좋은, 많은 이용자들이 모이는 곳이다. 네이버 다음으로 큰 영향력을 가지고 있는 곳이 바로 유튜브이다. 검색에 많이 이용되는 앱 1위가 네이버이고, 그 뒤를 유튜브가 바짝 쫓고 있다. 이제는 거의 전 연령층이 유튜브를 통해 정보와 지식을 검색을 하고 동영상을 시청하고 있다.

2022년 4월 기준, 유튜브는 한국인이 가장 많이 사용하는 앱 2위로 나왔고, 한국인이 가장 자주 사용하는 앱 5위이다. 이와 더불어 동영상 앱으로는 평균 사용자 수가 압도적인 1위이며, 한국인이 가장 오래 사용하는 앱 1위로 나왔다.

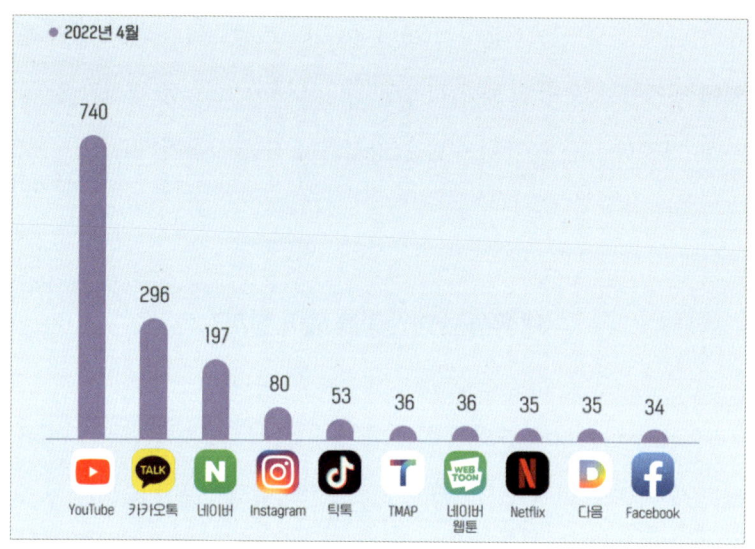

출처: 앱·리테일 분석 서비스 와이즈앱·리테일·굿즈

　이처럼 전 국민이 자주 오래 이용하는 유튜브는 동영상 병원 마케팅을 펼치기에 매우 좋은 플랫폼이라고 할 수 있다. 병원 동영상을 통해 원장님은 광고 수익을 바라는 것이 아니다. 원장님은 많은 이용자들이 유튜브를 시청을 해줘서 환자 유입이 늘어나길 기대하고 있다.

유튜브 알고리즘으로 추천되는 동영상

　원장님이 시간과 비용을 투자하여 만든 유튜브 동영상의 목적은 하나다. 그 어느 원장님도 소일거리로 자신의 다양한 취미, 습관, 일상을 유튜브 동영상을 올리길 바라지 않는다. 병원 유튜브의 존재 이유는 마케팅이기 때문에 많은 구독자, 조회수가 목적이다. 꾸준히 동영상을 올려도 구독자 수가 적고, 조회수가 극히 저조하다면, 유튜브는 하나 마나다.

원장님의 유튜브 채널은 많은 이용자에게 노출이 되어, 많은 이용자가 방문하고 조회하게 만들어야 한다. 이를 위해서 유튜브 알고리즘을 잘 이용해야 한다. 잘 알려져 있듯이 유튜브는 인공지능인 '유튜브 봇'이 이용자의 성향을 파악해 이용자가 좋아할 만한 콘텐츠를 추천하고 있다. 예를 들어 영화에 관심 많은 유저 회원에게는 접속할 때마다 영화 동영상이 추천이 되어 노출이 되고, 스포츠에 관심 많은 이용자에게는 스포츠 콘텐츠가 추천된다.

따라서 이러한 유튜브 알고리즘에 의해, 유저에게 동영상이 잘 추천되도록 셋팅을 하는 것이 중요하다. 그렇게 하려면 무엇보다 하나의 주제 카테고리를 일관되게 유지해야 하는 것이 좋다. 성형외과 원장님이라면, 성형외과 카테고리의 동영상을 꾸준히 올려야 한다. 피부과는 피부에 대한 것, 한의원은 한의원에 대한 것, 치과는 치과에 대한 것으로 한정하여 지속적으로 동영상을 올려야 한다. 이렇게 할 때 유튜브 알고리즘에 의해, 각 진료과에 관심 많은 환자에게는 각 진료과의 동영상이 추천이 되어 잘 노출이 된다.

그렇지 않고 중구난방으로 진료과목에 대한 동영상을 올리다가,

원장님의 여행이야기, 맛집이야기, 피트니스 등 다양하게 브이로그(VLOG)처럼 올리면 유튜브 알고리즘에 의해 이용자에게 추천이 잘되지 않는다.

환자 궁금증을 해소하는 동영상으로 시작

시간이 날 때마다 원장님의 유튜브를 둘러본다. 유명한 병원 원장님들의 유튜브부터 지역의 작은 병원 원장님들의 유튜브까지 가리지 않고 시청한다. 이때마다 느끼는 것은 대형병원일수록 영상 퀄리티가 상당히 높다는 점이다. 시간적으로나 인력면, 비용면에서 최고 수준의 영상을 꾸준히 올리는 것은 대형병원에서는 가능하다. 작은 병원에서는 상대적으로 적은 비용으로 동영상을 제작하여 올리고 있다. 하지만 병원 동영상은 거의 모두 기본적인 제작 수준을 갖추었다고 볼 수 있다.

그렇다면 어느 점에서 많은 구독자와 조회수가 결정될까? 그것은 동영상이 원장님 지향적이냐, 환자 지향적이냐의 차이로 결정된다. 원장님이 중시하는 콘텐츠를 의사로서 엄격하고 진중한 톤으로 제작된 동영상의 조회수는 매우 적다. 이에 비해, 환자들이 궁금해하는 소소한 의료 상식적인 내용을 흥미롭게 다룬 동영상은 조회수가 많다.

따라서 많은 구독자와 조회수를 바라는 원장님이라면 환자가 궁금해하는 것을 다루는 동영상을 올리는 것이 바람직하다. 평소 원장님이 진료를 해오는 과정에서 모아놓은 환자의 질문이 있기 마련이다. 이를 활용하여 하나씩 하나씩 동영상으로 풀어놓으면 된다.

예를 들어, 가슴성형 수술에 대한 것이라면 재료는 무엇이고 부작용이 있는지 없는지, 그리고 비용은 어느 선인지를 알려주면 된다. 이와 더불어 수술에 임하는 원장님의 마음가짐과 수술 과정을 진정성 있게 소개해 주자. 이렇게 하면, 가슴성형 수술을 고민 중인 여성분이 해당 동영상을 보고 나서 속으로 이런 생각을 한다.

'여기는 궁금한 것을 자세히 다 알려주고 있네. 더욱이 수술 하시는 원장님 모습을 보니까 왠지 모르게 신뢰가 가는데. 그래, 여기야. 내가 찾던 데가.'

농사짓는 마음으로
뚝심 있게 동영상을 올려야

• • •

유튜브 시작하기만 하면 다 잘되는 시대는 지났다. 병원 유튜브의 광고 효과는 다른 매체에 비해 느리게 나온다. 이제는 뚝심 있게 승부를 걸어봐야 한다. 1~2개월 반짝 동영상을 올렸다가 조회 수가 미미하다고 포기해서는 곤란하다. 최소 4~6개월 정도의 기간을 두고 꾸준히, 환자가 좋아할 만한 콘텐츠를 올려야 한다. 더 나아가 수년에 걸쳐서 지속적으로 올려야 한다. 그러면 어느 순간부터 조회 수가 늘어가는 것을 피부로 느낄 수 있고, 이와 더불어 환자 유입이 차츰 증가하는 것을 체험하게 된다.

02
끌리는 병원 동영상 만드는 요령 4가지

"동영상 잘 만드는 노하우를 알려주세요."
"유튜브 조회수를 높이는 동영상 제작 비법이 있습니까?"
전국의 다양한 진료과목 원장님이 필자에게 종종 문의하는 것이다. 필자의 골드닥터스는 네이버 블로그 마케팅을 중심으로 확실히 키워드 상위노출을 시켜드리고 있다. 그런데 일부 원장님들이 유튜브 채널 활성화 방안에 대해 문의하는 일이 있다. 필자는 아는 한에서 고급 정보를 전달해드리고 있다.

소규모 의원급 병원에서는 유튜브 제작을 오랫동안 계속 제작하기가 쉽지 않다. 많은 투자를 해야 하기 때문이다. 하지만 일단 시작했다면, 적절한 비용으로 중단하지 않고 꾸준히 동영상을 올리는 것이 중요하다. 설령 2개월 정도 동영상을 올려서 조회수가 미미하더라도 실망하기는 이르다. 왜냐하면, 동영상을 본 이용자들이 병원을 내원하는 일이 있기 때문이다.

과연, 어떻게 하면 이용자들의 눈길을 끌어 동영상을 조회하고 또 구독자로 만들게 할 수 있을까? 조회수를 높이 끌어올릴 수 있는 병원 영상 콘텐츠 만드는 요령 4가지를 알려드린다.

콘텐츠는 무조건 재밌어야 한다

강수지 가수는 유튜브 채널을 가지고 있다. 그녀가 유튜브 채널〈강수지 TV 살며사랑하며배우며〉만들 때만 해도 상당히 많은 조회수와 구독자가 생길 줄 알았다. 그런데 개설 후 동영상을 꾸준히 올렸지만 조회수가 그리 많지 않았다. 모든 사람들의 예상 밖이었다.

그런데 지금 강수지의 유튜브 채널의 구독자가 15만명이 되고, 동영상들이 거의 대부분 만명 넘게 조회를 하는데 최고 조회수는 이백만 명을 자랑하고 있다. 필자는 이 과정을 지켜봐 와서 그 이유를 잘 알고 있다.

과거의 강수지 유튜브의 동영상은 강수지 가수의 청초함을 서정적으로 다루는 것을 주력으로 했다. 그 결과, 이용자들로부터 큰 반응을 얻지 못했다. 이때, 조력자인 그녀의 남편 김국진 개그맨이 나타났다. 그가 강수지와 나온 골프 동영상이 크게 히트를 쳤다. 부인 강수지가 골프를 배우는 과정이 재밌게 그리고 진솔하게 제작이 되었다. 이것을 본 이용자들의 조회수가 급격히 늘어갔고, 다음 동영상이 기대된 이용자들이 대거 구독 신청을 했다.

이처럼 병원 동영상 콘텐츠의 핵심을 '재미'에 둬야 한다. 개그맨처럼 코믹하게 웃기라는 말이 아니다. 심각한 질병을 다루지만, 심각하지 않게 흥미롭고 경쾌하게 진행하여 계속 보게 만들어야 한다. 이용자들은 동영상 앞부분을 시청하다가 재미없다고 느끼는 순간 곧바로 이탈해버린다. 따라서 앞부분에서부터 끝까지 재미를 유지하는 것이 좋다.

재미를 잘 살린 병원 동영상 중에서 대표적으로 '닥터조물주 꽈추형', '의학채널 비온뒤'를 들 수 있다. 꽈추형 홍성우 원장의 유튜브는 제목부터가 재밌는데, 홍 원장은 개그맨 못지않게 재밌는 입담을 유감없이 발휘하고 있다. 비뇨기과 진료 콘텐츠가 하나도 지루하지 않다. '의학채널 비온뒤'의 홍혜걸 의학전문기자는 제주도를 배경으로 소탈한 모습으로 꾸밈없이 나와서 친절하게 의료 전문 정보를 알려주고 있다. 특히, 홍혜걸 기자가 부인 여에스더 의사와 티격태격하면서 의료 정보를 알려주는 영상은 상당히 재밌다. 절대적으로 재미있어야 이용자들이 병원 동영상을 본다. 제목에서부터 콘텐츠가 재미있다는 느낌을 팍팍 풍겨야 한다.

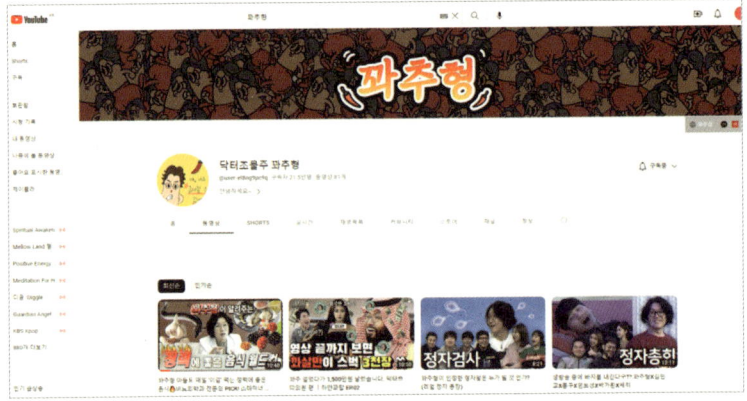

유튜브 채널 '닥터조물주 꽈추형'

유튜브 채널 '의학채널 비온뒤'

제목 키워드는 진료를 세분화하기

• • •

이용자들은 추천된 영상 중에서 선택하게 되어 있다. 그리고 이용자가 키워드 검색할 때도 관련 영상이 뜨는데 그중에서 선택하게 된다. 수많은 동영상 중에서 이용자들은 영상의 썸네일과 함께 제목을 빠르게 본다. 특히나 자신의 관심사와 연결되는 제목을 찾아내어 클릭을 한다. 만약, 동영상에 이용자의 관심사와 일치하는 내용이 있어도 제목이 이용자의 관심사와 연관성이 떨어진다면 조회가 되기가 힘들다. 따라서 동영상 한편 한편에 이용자의 관심을 끄는 키워드를 넣어서 제목을 만들어야 한다. 키워드는 곧 환자의 관심사를 담은 것이다.

모 유명 치과병원 원장님이 '임플란트의 부작용' 동영상을 올리자 엄청난 조회수를 기록했다. 한마디로 대박을 터뜨린 셈이다. 그러자 원장님은 그것을 잇는 동영상을 시리즈로 제작해 올려놓았다. 제목은 이런 식이었다.

'임플란트의 부작용 2', '임플란트의 부작용 3', '임플란트의 부작용 4'

그 결과가 어땠을까? '임플란트' 키워드를 계속 동어반복적으로 제목에 사용하다 보니, 이용자들은 각 동영상의 차별성을 파악하기 힘들었다. 그냥 비슷한 콘텐츠가 시리즈로 나오나보다 생각했기에 큰 흥미를 끌지 못했다. 점차 조회수가 줄어들어 갔다.

이때, 필자가 그 원장님에 조언을 해드렸다.

"동영상 제목은 진료과목의 세부 키워드를 달아주는 것이 효과적입니다. 비슷한 키워드를 반복하다 보면 이용자의 눈길을 끌기 어렵습니다. 현재처럼 하는 것은 너무 제목 키워드가 밋밋합니다. 이보다는 '임플란트하면 간혹 크라운이 흔들려요', '임플란트 하면 간혹 치통이 생겨요'처럼 세분화된 키워드를 넣어 제목을 만들어주는 것이 좋습니다."

이와 마찬가지로 '좋은 치약' 콘텐츠가 히트를 쳤다고 하자. 그러면 '좋은 치약 2', '좋은 치약 3' 이런 식으로 가면 키워드 효과가 크게 떨어진다. 이 대신에 '구체적인 치약 이름 + 그 효과'의 키워드를 제목으로 다는 것이 좋다. 이렇게 하면 된다.

'잇몸에 좋은 ＊＊치약', '입냄새 제거에 탁월한 ＊＊치약', '인체에 무해한 친환경 ＊＊치약'

이런 구체적이며, 하나하나 차별화된 키워드의 제목은 곧장 이용자들의 눈길을 사로잡는다. 그래서 이용자들이 동영상을 클릭하게 만든다. 결국, 이런 동영상이 잘 노출이 되고 구독자가 늘어가게 된다.

흥미 돋우는 썸네일 넣기

키워드만큼 중요한 것이 썸네일이다. 검색 시 작은 제목과 함께 나오는 견본 이미지가 썸네일이다. 작은 규모 병원 원장님의 경우, 내부 직원 인력으로 소소하게 영상을 제작할 수 있다. 하지만 자체적으로 고퀄리티 썸네일을 만들기 힘들다. 그래서 결국 유튜브는 전문 제작사에게 의뢰하는 것이 좋다. 유튜브 전문제작사에서 영상 편집을 하면서 이용자의 흥미를 끄는 썸네일을 적재적소에 넣어준다.

원장님이 나오는 동영상 중간중간에 썸네일이 없다면 그만큼 영상에 대한 가독성이 떨어지게 된다. 영상의 내용을 한눈에 알아볼 수 있게 보여주는 이미지가 적절하게 들어가는 것이 필요하다. 그렇다고 처음부터 최고 썸네일을 만들 수 없다고 실망하지 말자. 현재 잘되는 대형병원 유튜브 채널도 과거 안 좋은 썸네일을 사용하기도 했다. 지속적으로 동영상을 올리면서 제작 수준이 높아져서 최고 썸네일을 선보이게 되었다.

영상 편집 기술로 가독성 높이기

유튜브 이용자는 영상에 대한 안목이 높다. 자칫, 시간에 쫓기거나 인력이 부족해서 어설프게 영상을 제작하다가는 조회수가 저조할 뿐만 아니라 병원 이미지까지 나쁘게 될 우려가 있다. 한 편을 올리더라도 일정 정도의 수준을 갖춰야 한다.

이때 필요한 것이 영상 편집 기술이다. 편집에서 무엇보다 우선시되는 것은 말과 말 사이를 편집하는 것이다. 불필요한 말, 동어반복적인 말, 실수로 나온 말 등은 요령껏 잘라내고 정해진 시간 분량의 영상을 만들어야 한다. 그래야 10여 분의 영상이 군더더기 하나 없이 깔끔하고 완성도 높게 나온다.

이와 더불어 영상을 지루하지 않게 다이나믹하게 하는 효과, 자료화면 넣기 그리고 자막 넣기가 잘 받쳐줘야 한다. 많은 조회수를 기록하는 동영상을 보면, 거의 다 그렇게 한다. 병원 유튜브로 이용자들을 유입시켜서, 조회하게 하고, 또 구독자 신청하게 만들려면 영상을 편집하는 과정이 필수적이다.

03
원장님은 크리에이터로 변해야 한다

"구독을 누른 사람은 잠재고객입니다. 그러므로 환자 고객이 병원을 내원하게 만들기 위해 최선을 다해야 합니다. 절대 대충해서는 유튜브 이용자가 구독을 누르지 않습니다. 원장님은 다른 유튜버처럼 크리에이터로 변신해야 합니다."

필자가 개원세미나에서 원장님들에게 하는 말이다. 유튜브를 하고 있지만 조회수가 나오지 않아 고민이 많은 원장님들이 많다. 그런 원장님들에게 필자는 늘상 원장님이 크리에이터로 완전히 변해야 한다고 요청드리고 있다. 조회수, 구독자가 많은 유튜브 동영상을 찬찬히 살펴보면, 유튜버가 얼마나 많은 노력을 들였는지를 알수 있다. 인기 유튜버들은 개그맨 못지않게 유머러스하기도 하고, 매우 힘든 일을 해내기도 하며, 접하기 힘든 자료를 귀에 쏙쏙 들어오게 설명한다. 이는 보통 사람으로서는 절대 하기 힘들다.

 원장님들은 가슴에 손을 얹고 과연 자신이 크리에이터로서 최선의 노력을 다했는지 자문해봐야 한다. 물론, 몇몇 원장님은 정말 인기 크리에이터로서 엄청 열심히 활동하고 있다. 하지만 상당수 원장님들은 왜 유튜브를 하는지를 모르는 것 같다. 원장님 자신이 동영상에서 크리에이터로 완전히 변신하는 모습을 보여줄 때 비로소 조회가 되고, 구독자가 늘어간다. 이 구독자가 잠재고객이다.

기획력도, 크리에이터 정신도 없는
모 원장님의 영상

 모 병원장님이 유튜브를 시작했다. 이분은 명의에 선정되었고 뉴스에도 출연한 분으로 의료계 유명 인사다. 그런데 이분의 유튜브 반응이 신통치 않았다. 소문에 따르면, 유명 영상제작사에서 업계 최고의 비용으로 고퀄리 동영상을 제작했다. 그런데 조회수가 미미했다. 내심 많은 조회수와 함께 구독자가 상당할 것으로 봤던 원장님의 실망감이 컸다.
 필자가 그 원장님의 유튜브 채널에 들어가 봤다. 금세 조회수가 적은 이유를 파악할 수 있었다. 그 원장님 채널에는 원장님의 독서, 등산, 여행 이야기와 함께 진료 이야기가 나왔다. 원장님은 애초에 어떤 목적으로 유튜브를 하는지에 목적이 뚜렷하지 않았다. 그래서 기획이 엉망이었다.

더욱이 일상의 모습에 드러나는 원장님은 진료실에서 접하게 되는 권위적인 원장님 모습이었다. 고지식하게 딱딱하고 건조한 말투로 말했다. 영상 촬영에 임하면서, 크리에이터로서 새로운 모습을 보여주려는 노력이 전혀 없었다. 필자는 동영상 앞부분을 보다가 식상하고, 재미가 없어서 나오고 말았다.

다만 영상 퀄리티는 매우 좋았다. 아트 영화를 보는 것 같이 수준 높은 영상미를 보여주었다. 그런데 아쉬웠다. 병원 유튜브 동영상의 목적은 예술작품이 아니기 때문이다. 원장님 유튜브의 목적은 이용자와의 소통을 통해 조회수를 높이고, 많은 구독자를 확보하는 데 있다.

크리에이터가 되기 위해
원장님이 알아야 할 3가지

• • •

유재석, 박세리, 이경규, 산다라 박 정도의 스타급은 유튜브에 무엇을 올려도 좋다. 팬층이 두텁기 때문에 여러 주제로 다양하게 동영상을 올려도 많은 조회수, 구독자가 있다. 그런데 '병원 환자 유입'을 바라는 원장님은 다르다. 이용자가 원하는 내용을 그들의 눈높이에 맞게, 그들이 만족스럽게 영상을 올려야 한다. 따라서 이용자들이 좋아할 수 있도록 원장님이 크리에이터로 변신을 해야 한다. 원장님은 명백히 병원 유튜브 크리에이터이다. 하지만 의료진으로서 크리에이터 역량이 뛰어난 분이 많지 않다. 의료 크리에이터로 변신하고자 하는 원장님은 다음의 3가지를 기억해두고 늘 공부하고 또 노력해야 한다.

1. 권위의식 버리고, 촬영 거부감 극복하기

유튜브를 잘 못하고, 조회수가 저조한 원장님의 공통점이 권위의식과 촬영거부감이다. 의료진으로서 특유의 권위감은 병원에서는 의미가 있겠지만 유튜브에서는 필요치 않다. 이용자와 격의 없이 소통을 해야 하기 때문이다. 그리고 공부와 진료에만 매진해온 원장님 특성상 카메라 앞에 서길 좋아하는 분이 많지 않다. 낯가림 심한 분이 많다. 이런 분의 성향이 그대로 영상에 비추어진다면 유튜브 이용자들이 이해해줄까? 절대 그렇지 않다. 재미없다면서 다른 영상으로 이탈해버릴 것이 분명하다.

유튜브에서만큼은 원장님이 오랫동안 습관이 된 권위의식을 버려야 한다. 이와 더불어 낯가림 심한 모습도 극복이 되어야 한다. 대부분의 원장님이 같은 출발선상에 있다고 보면 된다. 하루라도 빨리 크리에이터로 완전 변신한 모습을 보여주는 원장님이 승산이 있다.

2. 친근하고 이해하기 쉽게 말하기

유튜브에서는 원장님이 아나운서처럼 유려하게 언변 좋은 모습으로 나올 필요가 없다. 유튜브에서는 원장님이 이용자들과 잘 소통할 수 있도록 친근하면서 이해하기 쉽게 말하는 것이 중요하다. 인기 많은 병원 유튜브의 원장님들을 보면, 다 그렇다. 일상적인 말투로 친근하면서도 이해하기 쉽게 말을 한다.

조회수 적은 일부 병원 유튜브를 보면, 원장님이 의학논문투로 딱딱하게 말하는 경우가 있다. 평소의 습관이 고쳐지지 않은 채 그대로 나온 것이다. 유튜브는 병원 진료실과 전혀 다른 소통의 공간이라는 것을 모르는 듯하다. 유튜브에서는 오히려 친근한 이웃 아저씨처럼 따뜻하고 편하게 이야기를 하는 것이 더 좋다.

치과의사 이상수의 유튜브 채널이 좋은 사례다. '저 망해도 좋으니 양치 이렇게만 하시고 치과 오지 마세요!' 동영상은 무려 569만회의 조회수를 자랑한다. 제목에서부터 원장님이 얼마나 친절하게 말을 할지 예상이 된다. 실제로 이상수 원장님은 진료실에서 칫솔을 들고 양치질 법을 알려주고 있는데, 웃는 표정을 지으면서, '~요'라는 말투를 하며 친절하게 말하고 있다.

유튜브 채널 '치과의사 이상수'

    영상을 보는 이용자들이 많은 조회를 하도록 말을 잘 하는 것은 하루아침에 만들어지지 않는다. 꾸준히 말하기 노력을 해야 하는데 경우에 따라서는 전문가로부터 스피치 트레이닝을 받는 것이 좋다. 또한 영상 촬영 전에 친근한 말투로 대본을 짜고, 대본을 반복해서 연습해야 한다.

3. 유명 유튜버의 끼를 따라 배우기

    병원 운영을 시작할 때 롤 모델 병원이 있는 것이 좋다. 그러면 병원 방향성이 뚜렷하며 시행착오가 적다. 성공한 병원의 사례를 따라 배우면 성공의 꽃길을 한발 한발 걸어갈 수 있다. 병원 유튜브도 그렇다. 원장님이 유튜버로서 어떻게 해야 할지 감을 못 잡을 수 있다. 그러면 잘 되는 유튜버를 보고 따라하기를 해볼 만하다.

병원 유튜버에 한정하지 않고 다양한 분야의 유튜버들을 살펴보고, 그들의 성공 요소를 분석하고 그것을 자기 것으로 만들어보자. 이렇게 하면 실수 가능성이 줄어들며, 조회수 높고 구독자가 많아지게 된다.

04
트렌드 모르면
다이어트 유튜브 하지 말라

다이어트는 의료계뿐만 아니라 식품업계 그리고 체육시설 업계의 최대 화두다. 다이어트에 관심 많은 고객을 끌어들이기 위해 각 업계에서는 치열한 마케팅 전쟁을 벌이고 있다. 의료계의 경우, 다이어트 진료를 담당하는 진료과목이 여러 곳이다. 피부과, 성형외과에서부터 한의원, 가정의학과, 내과 등에서 진료하고 있다. 여러 진료과목 병원에서 다이어트 고객 환자를 유입시키기 위해 각축을 벌이고 있다.

다이어트 시장 규모를 살펴보자. 건강기능식품 시장이 엄청나게 성장하여 현재 5조 원대이며, 2021년 기준 다이어트 보조제 시장이 1600억 원대이다. 단백질 음료 시장이 120% 성장률을 보이고 있고, 닭고기 가공식품 시장이 4000억대 성장했다.

현재, 우리나라 의료계의 다이어트 시장 규모는 수조 원대로 볼 수 있다. 이 큰 시장의 환자 고객을 잡으려고 전국의 원장님들이 온라인 마케팅에 혈안이 되고 있다. 역시나 네이버 다음으로 유튜브가 다이어트 환자 타깃의 마케팅으로 매우 효과적이다.

아무리 시장이 크고, 환자가 많은 다이어트 시장이라고 해도 어설프게 유튜브를 했다가는 이용자들로터 완전히 따돌림당하기 쉽다. 무엇보다 다이어트라는 메가트렌드를 잘 이해하고 따라 잡아가는 것이 중요하다. 그래야 다이어트 환자들의 욕구와 잘 맞아떨어져서, 효과적인 다이어트 유튜브가 가능해진다.

가파르게 성장하는 다이어트 진료 수요

• • •

한 통계에 따르면, 요즘 여성의 94%가 다이어트가 필요하다고 밝혀졌다. 그리고 여성의 70% 이상이 다이어트를 했다고 밝혀졌다. 심지어 저체중 여성 30%도 다이어트를 했다고 한다. 다이어트에 대한 관심은 경제가 발전함에 따라 더 크게 높아진다고 한다. 앞으로 우리나라 사람의 다이어트에 대한 수요는 더 많아질 것으로 예상이 된다.

미국의 경우 2020년 기준 다이어트 시장이 자동차 시장 규모보다 더 크다. 이처럼 앞으로 우리나라의 다이어트 의료계 시장은 상상 이상으로 커질 것으로 보인다. 다이어트에 대해 남다른 관심을 가진 환자들은 내원 전에 유튜브를 통해 검색한다. 참고로, 환자가 유튜브에서 '다이어트 치료' 키워드를 넣어 검색하면 이런 첫 화면이 나오는데 여러 진료과목 병원들이 노출이 된다.

'다이어트 치료' 유튜브 검색 시 나오는 첫 화면

건강하게 살 빼는 다이어트 트렌드

거대한 다이어트라는 트렌드가 계속해서 끊어지지 않고 이어지고 있다. 그런데 과거의 다이어트 방법과 지금의 다이어트 방법이 같을까? 우리나라의 경우, 2014년 전에는 무조건 살 빼는 데 초점이 맞춰

졌다. 이로 인해 위와 간, 신장이 나빠지는 것과 함께 근 손실이 불가 피했다. 게다가 눈앞의 맛있는 음식을 절대 한 숟가락도 먹지 말아야 했다. 이 얼마나 고통스러운 일인가?

살빼기 위해서는 어느 정도 건강이 나빠지는 것을 감수하고 또 먹는 즐거움을 포기해야 했던 것이 과거의 다이어트 방식이었다.

2014년이 되어 확 다이어트 트렌드가 바뀌었다. 선진국 미국의 영향을 받았고, 이에 따라 건강하게 다이어트하기가 대세가 되었다. 이제는 건강을 해치고, 몸을 혹사하면서까지 다이어트를 하지 않게 되었다. 이때부터 사람들은 건강하게, 그리고 먹으면서 하는 다이어트를 추구하기 시작했다. 이때 등장한 말이 '어다행다'이다. 이 뜻은 이렇다.

'어차피 다이어트 할 거 행복하게 다이어트 하자.'

서울대 소비학과 김난도 교수는 이러한 트렌드를 '헬시플레저 (Healthy Pleasure)라는 말로 집약시켰다. 이 단어는 건강을 의미하는 'Healthy'와 즐거움을 뜻하는 'Pleasure'의 합성어이다. 앞으로 사람들은 건강하고 즐겁게 다이어트를 한다고 볼수 있다. 이제는 굶으면서, 건강을 해치면서 근 손실을 하면서 다이어트를 하는 것은 한물간 방식이다. 이런 방식으로는 절대 다이어트 환자를 유입시킬 수 없는 시대가 되었다.

다이어터의 제품구매 특징과 운동의 이득은?

● ● ●

다이어트를 하면서도 먹는 것을 포기하지 않은 점이 근래의 다이어터의 특징이다. 사람들이라면 누구나 육류를 먹고 싶어하는데 다이어터들은 소고기, 돼지고기 대신에 닭가슴살을 먹는다. 닭가슴살 조리를 잘하기만 하면 바비큐 맛을 느낄 수도 있다. 이와 더불어 근력을 키우기 위해 단백질을 꾸준히 섭취하고 있다. 과거에는 분말 가루를 먹었다면 이제는 바와 음료로 간편하면서 맛있게 섭취하고 있다. 다이어터들은 국민 간식 라면을 어떻게 할까? 이 역시 안 먹는 대신에 저칼리로 라면으로 대체하여 먹는 즐거움을 만끽하고 있다.

근래의 다이어터들은 다이어트 제품을 선택할 때. 꼼꼼하게 특성을 비교하고 분석한다. 이때 가격을 비교하지만 무엇보다 건강성과 맛을 중요하게 본다.

그러면서 다들 운동에 열심이다. 인스타그램에 오늘 운동 완료했다는 뜻인 '오운완'을 해시태크로 달고 있는 것이 유행이다. 운동으로 얻어지는 이득은 크게 세 가지다. 운동으로 살을 빼면서 기부를 할 수 있으며, 바디 프로필을 만들 수 있고, 은근히 날씬한 몸매를 잘 관리하고 있다고 과시할 수도 있다. 이런 이득으로 인해 인스타그램에 '#오운완'이 오백사십 만개에 이르고 있다.

다이어트 유튜브 기획은 어떤 방향으로?

• • •

다이어트 하는 분들의 성향과 니즈는 네 가지로 요약이 된다. 첫째, 자신의 체형과 체질에 맞는 다이어트 진료를 바라고 있다. 개개인의 특성을 파악하고 살찌는 원인을 분석하여 개별적인 다이어트 방법을 제시하는 것을 선호하고 있다.

둘째, 건강하게 다이어트를 하고자 한다. 근 손실을 방지하고 신체 밸런스를 유지하며 간, 신장의 건강을 유지하면서 살 빼는 것을 중요시한다.

셋째, 먹는 것을 포기하지 않고 살 빼려고 한다. 먹는 즐거움을 유지하려고 하고 있다.

넷째, 남들에게 멋진 몸매를 보이기 위해 운동을 하고 있다. 인스타그램에 운동하는 사진이 굉장히 많이 올라오고 있다.

따라서 병원의 다이어트 유튜브는 이러한 다이어터들의 성향과 니즈를 잘 포착하고, 그에 대한 궁금증을 해소하고 솔루션을 주는 영상을 올리는 것이 좋다. 요즘 다이어트하는 분들은 개개인의 맞춤화된 다이어트 진료를 원하고 있으며, 먹는 즐거움을 포기하지 않고 건강하게 다이어트 하고자 하며, 운동을 통해 보기 좋은 몸매를 관리하고자 한다. 이를 다이어트 관련 병원에서는 동영상 제작 기획에 반영해야 한다. 그렇게 할 때, 다이어트들이 유튜브 검색 시 해당 영상이 노출이 잘 된다.

또한, 현재 50~60대들이 유튜브 시청률이 상당히 크다는 점을 기억하자. 따라서 병원에서는 중년층을 타깃으로 하여 그들의 성향과 니즈에 맞춘 솔루션을 제공하는 동영상을 올린다면 다이어트 유튜브 조회수가 크게 높아질 것이다.

05
병원 유튜브 운영의
기본 6가지

　유튜브 하는 원장님들이 차츰 늘어가고 있다. 마케팅 효과가 매우 크다는 것을 잘 알고 있기때문에 서둘러서 계정을 만들려고 하고 있다. 대부분의 원장님은 마케팅사에 맡긴다. 그런데 과연 마케팅사에 맡기고 나면 끝일까?
　필자는 유튜브하는 원장님들을 수없이 만나봤다. 이 가운데서 조회수가 꾸준히 잘 나오는 원장님들은 유튜브 운영에 대한 기본적인 노하우를 잘 숙지하고 있었다. 조회수가 안 나오는 유튜브를 하는 원장님들은 알고 보면, 기본적인 유튜브 운영 노하우도 전혀 모르는 경우가 많았다.

설령, 마케팅사에 유튜브를 맡겼다 하더라도 원장님은 진료하는 틈틈이, 그리고 퇴근 시간과 주말 시간에 잠깐 동안 유튜브를 관리할 시간이 나온다. 유튜브 운영에 대한 기본 사항을 아는 원장님은 이 시간을 알차게 활용한다. 이를 통해 조회수가 쭉쭉 올라가게 된다. 그러면 이제 막 유튜브를 시작한 원장님들이 꼭 알아야 할 유튜브 운영 노하우 6가지를 살펴보자. 계정의 주인으로서 최소한 이것만큼 숙지하고 있어야 한다.

원장님이 알아야 할 유튜브 운영의 기본 6가지

유튜브의 목적은 마케팅이다. 마케팅 효과를 극대화하기 위해서는 유튜버로서 꼭 숙지해야 할 기본 운영 방법이 있다. 이것조차 모르면서 조회수가 높아지길 바라는 것은 어불성설이다. 풍년을 바라는 농부는 밭과 재배식물과 기후, 비료에 대한 기본 지식을 잘 알고 있어야 한다. 조회수가 늘어나는 유튜브가 되기 위해 원장님이 꼭 알고 있어야 할 기본 사항에 대해 소개한다.

1. 유튜브 조회수 카운팅 알고리즘 숙지

유튜브 알고리즘에 의해 자동으로 영상이 실행되는 것은 카운팅이 안된다. 직원 한 명이 계속해서 새로고침 하거나 자동화 시스템으로 영상을 재생할 경우 이는 총 조회수로 반영되지 않는다. 유튜브 조회수 중복이 인정되지 않기 때문이다.

하지만 원장님이 시청하는 것은 조회수로 인정되며, 한 사람이 여러 번 영상을 봐도 조회수로 인정이 된다. 이와 더불어 조회수로 인정되기 위해서는 영상을 30초 이상 시청해야 한다. 30초 이상 시청하게 만들도록 콘텐츠를 재밌게 만들어야 한다.

2. 계정의 대문과 정보 신경쓰기

유튜브 계정의 첫 화면은 대문 역할을 한다. 병원 유튜브의 기획 방향과 타깃 등을 고려하여 강렬한 시각 이미지를 보여줘야 한다. 대문이 밋밋하면 영상에 대한 관심이 떨어질 수 있다. 대문을 보고 영상을 클릭하게 만들자. 그리고 계정의 정보에는 원장님과 진료에 대해서 간략하지만 성의 있게 소개 글을 작성하자. 연락처, 이메일 주소와 SNS 채널을 연동시켜놓는 것도 빼먹지 말자.

간혹 일부 병원 유튜브 계정의 정보에 작성된 글이 거의 없고, 달랑 대표 전화번호만 나오는 일이 있다. 너무 성의가 없지 않는가?

3. 재생 목록에 동영상을 많이 올리기

이용자가 두 병원 유튜브를 방문했다. 두 곳에 올려진 영상 콘텐츠는 비슷했다. 그런데 한 곳은 재생목록에 영상이 여러 개 올려져 있고, 다른 한 곳은 그렇지 못하고 영상이 몇 개 없었다. 그러면 이용자는 재생목록을 설정된 유튜브에서 오래 머물고 연속해서 유튜브를 시청하게 된다. 이에 따라 조회수가 높아지는 게 당연하다.

4. 방문자와 꾸준히 소통하기

조회수와 구독자가 많은 모 피부과 유튜브를 방문한 적이 있다. 그 유튜브에 올려진 영상은 다른 피부과의 영상과 크게 다른 점이 없었다. 그런데 차별점이 하나 눈에 들어왔다. 다른 피부과 유튜브와 달리 그 유튜브에서는 원장님의 소통이 매우 활발했다.

이용자의 댓글 하나하나에 답글을 친절하게 작성해주고 있었다. 이와 더불어 유튜브 방문자들의 질문을 취합하여 그에 답하는 영상을 올리기도 했다. 이 유튜브는 혈관으로 치면 피가 온몸에 따뜻하게 잘 흐르고 있는 셈이었다. 원장님이 소통을 잘 안하는 유튜브는 동맥경화에 걸린 것과 같다.

5. 많이 시청하는 시간에 업로드하기

유튜브 이용자들이 주로 시청하는 시간대에 영상을 올리는 것이 조회수가 많이 나온다. 따라서 일정한 시간대에 꾸준히 업로드하는 것이 바람직하다. 병원 유튜브의 경우 오후 시간대, 곧 18시에서 21시에 집중적으로 업로드를 할 때 효과적이다.

요일에 따라서 주로 시청하는 시간대가 조금씩 달라지기도 한다. 정확하게 많은 시청 시간대를 알려면, 원장님이 계정의 '유튜브 스튜

디오'에 들어가 '분석'을 클릭하여, 시청자가 주로 시청하는 시간대를 파악하는 것이 필요하다.

6. 유튜브를 다른 채널에 홍보하기

원장님들은 보통 여러 개의 온라인 채널을 가지고 있다. 네이버 블로그, 유튜브, 인스타그램, 페이스북 등 다양하다. 이러한 채널 모두에 유튜브 채널의 링크를 걸어놓자. 해당 SNS에 방문한 환자 고객들이 자연스럽게 유튜브 채널로 넘어오게 된다. 모든 채널을 통해 유입된 환자들이 반드시 유튜브를 방문하게 하는 만드는 것이 좋다.

HOSPITAL MARKETING

• 5부 •

강력한 SNS, 당근마켓과 인스타그램

01
효과 높은
당근마켓 피드 광고

"원장님, 당근마켓 아시죠?"

"중고거래 앱 당연히 알죠. 중고 스포츠용품 사러 몇 번 이용해봤습니다."

"당근마켓에서 병원 광고를 할 수 있는데 여기에서 마케팅을 해보시는 것은 어떠세요?"

"그게 효과가 있을까요? 몇 사람이나 볼지도 모르겠고."

"당근마켓 이용자가 무려 3,000만명이 넘고 매월 1,000만명이 사용하고 있어요. 어느 정도 유명한 동네 기준으로 매주 수만 명이 방문하고 있습니다. 대표적으로 강남구 역삼동은 매주 4만여 명이 방문한답니다."

원장님들은 당근마켓의 마케팅 효과를 알고 나서 놀란다. 설마 그 정도까지일 줄 몰랐다는 반응이 적지 않다. 당근마켓의 홈 피드에서는 설정된 지역의 광고가 활발하게 이루어지고 있다. 수많은 중고물건 거래 게시글 속에서 '광고'로 표시된 글이 보인다. 이것이 사업자들이 이용하는 피드 광고다.

당근마켓 피드 광고는 어떻게 나오나?

• • •

중고거래 회원들은 물건을 사고팔 때 동네를 설정한다. 이처럼 피드 광고를 진행하려는 원장님은 광고 계정을 만든 후에, 비즈프로필(개인프로필)과 소식을 작성하고 나서 동네 설정을 한다. 그러면 설정된 동네에 광고가 뜨게 된다. 해당 동네를 설정한 중고거래 이용자들이 당근마켓을 방문할 때, 홈 피드에 다양한 중고물건들이 나오다가 광고가 노출된다.

강남구 역삼동에 있는 한 치과에서 역삼동을 기준으로 인근 동네까지 우리 동네로 설정을 했다고 하자. 그러면 '역삼동'을 우리 동네로 설정한 당근마켓 이용자가 방문 시, 홈 피드에 이런 화면이 나온다.

우리 동네 '역삼동'에서 올라온 중고거래 게시글들이 보이다가 중간에 '(50세 이상) 임플란트 비용 '35만원' 가능'이라는 광고 글이 보인다. 인스타그램에서 스폰서 광고가 중간에 나오는 것과 같다. 이렇게 중고거래 이용자는 자연스럽게 치과 광고에 노출이 된다. 더욱이 해당 광고 글에 올라온 후기와 '관심'이 많다면, 이를 본 이용자는 그 치과를 내원할 가능성이 높은 잠재고객이 된다.

비용 대비 효율성 높은 피드 광고

당근마켓 피드 광고의 장점은 크게 2가지로 볼 수 있다. 첫째, 금액대 설정이 가능하다는 점이다. 정해놓은 금액 한도 내에서 광고가 진행되기에 비용 부담이 적다. 광고비는 원장님 생각대로 정할 수 있다. 광고비는 단지 노출되어서 지출되는 것이 아니라 방문자가 클릭을 했을 때만 지출이 된다.

둘째, 지역과 타깃 지정이 가능하다는 점이다. 병원이 위치하고 있는 인근 지역을 설정하는 것은 물론 고객 환자의 타깃을 세부적으로 설정할 수 있다. 병원을 많이 찾는 고객 환자의 성별, 나이를 설정해 놓으면 효과적이다. 또한 광고비를 많이 설정하여 더 넓은 지역에 광고를 진행할 수도 있다.

적은 비용으로 마케팅 효과가 높은 것이 피드 광고다. 실제로 다양한 업종의 동네 자영업자들은 피드 광고를 통해 많은 고객을 유입시키고 있다. 당근마켓은 2022년 기준 쇼핑앱 순위에서 쿠팡 다음으로 2위다. 당근마켓 피드 광고는 읍, 면, 동으로 더욱 세분화된 지역을 대상으로 한 효율적인 마케팅 채널이 되고 있다.

특히, 피드 광고에 달린 환자의 긍정적인 후기는 강력한 입소문의 촉매제가 된다. 1등 맛집이라 해서 고객이 무조건 찾지 않으며, 그 가게의 리뷰를 살펴보고 나서 방문을 한다. 따라서 긍정적인 후기 글을 본 수많은 방문자들이 병원을 방문하게 되어 있다. 당근마켓 피드 광고에 달린 리뷰의 가치는 매우 높다.

당근마켓이 효과가 있다고 해서, 다른 온라인 마케팅 채널의 중요성이 간과되어서는 안된다. 블로그, 플레이스, 홈페이지 등이 잘 관리되고 있을 때, 당근마켓을 통해 해당 채널을 방문한 고객 환자들로부터 높은 신뢰를 얻을 수 있다.

피드광고, 어느 진료과목이 하면 좋을까?

• • •

골드닥터스는 계약을 맺는 고객 병원에 무료로 당근마켓 피드 광고를 진행해주고 있다. 해당 담당자를 배정하여 실시간 체크 관리하고 있다. 따라서 분명한 환자 유입 성과를 내고 있다. 광고비는 원장님이 직접 당근마켓에 입금하여 충전하기 때문에 골드닥터스에서는 수익이 전혀 없다. 그런데도 골드닥터스에서는 병원의 매출 향상을 고대하는 원장님을 위해 아낌없이 지원하고 있다.

필자가 볼 때, 당근마켓 광고를 하면 효과가 좋은 진료과목이 있다. 다음과 같다.

성형외과, 피부과, 안과, 정형외과, 치과, 한의원, 한방병원

유의해야 할 의료심의

일부 박리다매를 노린 치과의 과도한 당근마켓의 피드 광고가 문제가 되었다. 원장님은 의료법을 위반하지 않도록 주의해야 한다. 피드 광고를 진행하려면 광고 문구를 반드시 의료심의를 받아야 한다. 의료심의는 하루 이틀 사이에 끝나지 않으므로 충분한 시간을 갖고 미리 준비하는 것이 좋다.

02
매출 10배 높이는
인스타그램 스폰서 광고

"블로그와 스마트 플레이스를 통해 고객 환자의 시선을 끌고, 인스타그램으로 신뢰감을 높일 수 있습니다. 아무리 인스타그램이 좋다고 하지만 그것 하나만으로 부족합니다. 블로그와 스마트 플레이스가 잘 관리된 후 진행할 때 최고 효과를 낼 수 있는 것이 인스타그램입니다."

필자가 원장님들에게 강조하는 말이다. 개원한 지 얼마 안 된 원장님들은 다들 인스타그램을 하고 싶다고 한다. 이미지 위주의 인스타그램은 특히 젊은 층이 가장 많이 이용하고 있다. 젊은 고객 환자를 많이 유입시키고자 하는 피부과, 성형외과 그리고 다이어트 병원 등에서 인스타그램에 많은 공을 들이고 있다.

인스타그램은 원장님이 직접 비즈니스 계정을 만들어 스폰서 광고를 진행할 수 있다. 이 광고가 비용 대비 효과가 매우 크다. 타 마케팅사에서는 수백만 원의 비용을 받지만 골드닥터스에서는 무료로 광고를 진행해드린다. 광고 진행을 위해 충전 비용 30~50만원이 나오는데 이것은 원장님의 통장에서 빠져나간다. 하루 평균 만원 정도의 비용이 나간다고 보면 된다. 이처럼 저렴한 비용으로 인스타그램 스폰서 광고는 몇 백 배까지 효과를 낸다.

지역 1위 피부과로 만든 인스타그램 광고

경기도권에 모 피부과 의원이 새로 개원을 했다. 그곳은 강남 못지 않게 피부과 경쟁이 치열했는데, 이미 목 좋은 곳에는 유명 피부과들이 자리를 잡았다. 그 피부과는 건물 2층의 맨 안쪽에 있었는데 누가 봐도 입지가 별로였다. 그렇지만 그 원장님은 개원 수개월 전에 필자를 만나 최적의 마케팅으로 입지의 열악함을 극복할 수 있다는 자신감을 얻었다. 이로부터 차근차근 통합 마케팅이 진행되었다.

그 피부과 의원은 개원하자마자 상위노출 1등을 꾸준히 지켜냈다. 그 원장님은 당연히 많은 환자 유입이 있을 것으로 예상했다. 그런데 실제로는 그렇지 못했고 환자 유입이 미미했다. 원장님이 고민을 털어놓았다.

"대표님이 신경 써주셔서 검색 시 노출 1등이 된 것에는 고마움을 느끼고 있습니다. 대표님의 말처럼 노출 1등 책임을 진다는 것을 믿을 수 있게 되었어요. 근데 왜 그런지 환자 유입이 크게 많지 않은 것이 아쉽네요. 이젠 대책이 없을까요?"

필자도 몹시 답답했다. 마케팅사에서 최우선으로 하는 것이 블로그 마케팅이며 이를 통해 상위노출 시키면 그에 비례하여 환자 유입이 된다는 것이 공식처럼 되어 있었다. 그런데 그 공식이 이번에는 잘 통하지 않았다.

이때 통합 마케팅의 마지막 단계로 인스타그램 광고를 진행했다. 골드닥터스에서 제작한 고품질의 이미지를 적극 활용하여 스폰서 광고를 시작했다. 적은 비용이었지만 그 지역의 환자 고객들로부터 많은 피드백이 있었다. 이용자들이 '좋아요'를 수천 개 눌렀고, 수많은 댓글이 달렸다. 인스타그램이 효과가 크다는 것을 알고 있었지만 과연 얼마나 환자들이 유입할지 미지수였다. 한 달쯤 시간이 지나자 필자에게 그 피부과 원장님의 카톡이 왔다.

'대표님, 환자들의 대기 줄이 끊이지 않네요. 직원들은 예약 전화를 받느라 정신이 없습니다. 이제 정말로 이 지역에서 1등이 된 것을 피부로 느낄 수 있는 것 같습니다.'

상위노출 1등, 스마트 플레이스 1등으로 띄워도 미미했던 환자 유입 수. 강력한 이미지를 내세운 인스타그램 스폰서 광고를 하자 갑

자기 환자들이 대거 유입이 되었다. 이렇듯 모든 마케팅을 성공적으로 진행한 토대 위에 인스타그램 광고가 추가된다면 그 효과는 엄청나다.

스폰서 광고의 승부를 결정하는
고품격 이미지

• • •

젊은 층은 거의 다 하는 인스타그램의 가장 큰 특징은 뭘까? 그것은 이미지이다. 특히 젊은이들로부터 폭발적으로 인기를 얻는 이유가 이미지 위주로 되어 있어서 사진을 올리기 좋다는 점 때문이다. 실제로 남녀를 가리지 않고 많은 사람들이 마치 앨범처럼 자신의 일상과 기념일을 숨김없이 인스타그램에 올리고 있다. 이렇게 많은 시간에 걸쳐 사진이 올려진 인스타그램은 소중한 기록물이 된다.

이와 더불어 사람들은 인스타그램에서 사진을 통해 소통한다. 수백 마디를 해야 하는 것을 딱 한 장의 사진으로 대신하고 있다. 여기에 몇 글자를 보태는 것만으로도 충분하다. 그래서 인스타그램에서는 더더욱 이미지(사진)가 중요하다.

병원 마케팅으로 이용하는 스폰서 광고에서도 마찬가지다. 퀄리티 높은 한 장의 이미지가 절대적으로 중요하다. 인스타그램의 피드에는 이웃들의 다채로운 사진들이 뜬다. 이 사진들은 이용자가 좋아하기 마련이다. 이런 사진들 사이에 뜨는 것이 스폰서 광고이기에 이용자가 시각적으로 호감을 가질 수 있도록 고품질로 제작되어야 하는 것이 당연하다.

이 점에서 인스타그램 스폰서 광고를 하고자 하는 원장님들이 기억해야 할 것이 있다. 마케팅사 가운데 고품질 이미지 제작이 가능한 역량을 가지고 있는 곳이 있고 그렇지 않은 곳이 있다는 점이다. 상당수 마케팅사는 저작권을 위배하기도 하고, 퀄리티 떨어진 이미지를 제작하는 경우가 있다.

이에 반해 골드닥터스는 유료 이미지 회사와 라이센스를 맺은 고품격 이미지를 사용하고 있다. 이미지 하나하나가 최고 수준을 유지하고 있으며, 저작권법을 철저히 지키고 있다. 앞서 언급했듯이, 대형병원은 물론 일반 의원급 병원에도 최고의 이미지로 인스타그램 스폰서 광고를 해드리고 있다. 스폰서 광고의 승부는 고 퀄리티 이미지가 결정한다.

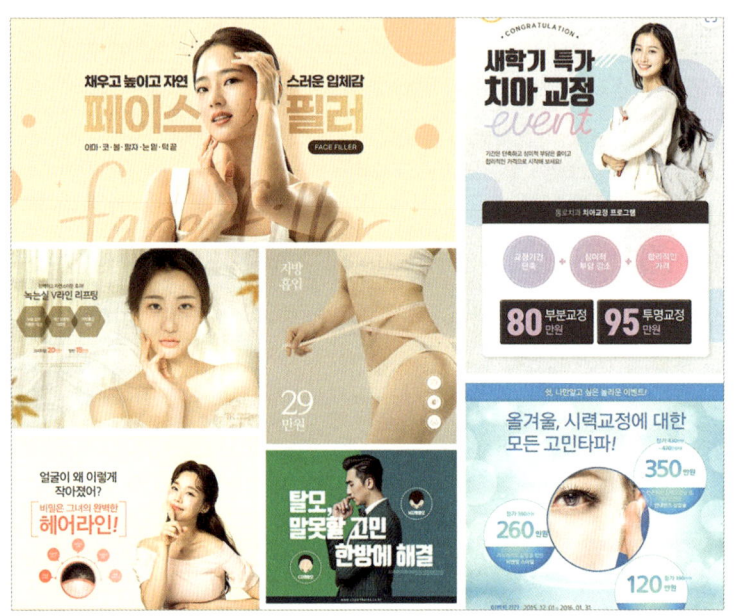

골드닥터스가 제작한 이미지 사례

글자는 이미지의 20% 미만으로 해야

인스타그램 스폰서 광고를 할 때 주의해야 할 것이 있다. 이미지 하나당 글자 수가 정해져 있다는 점이다. 이를 위배하면 계정 정지라는 최악의 제재를 받는다. 이미지가 100%라고 할 때 글자는 20% 미만 차지해야 한다. 만약, 이미지 100% 기준 글자를 20% 이상 많이 넣으면 자동적으로 계정 정지 제재를 받는다.

인스타그램과 함께, 그와 연동된 페이스북의 모 회사 메타(Meta)는 미국 회사이므로 한번 정지되면 제재가 풀리는 것이 사실상 불가능하다. 한 번의 실수로 인스타그램의 스폰서 광고 기능을 사용불능으로 만들게 된다. 메타(구 페이스북)에서는 이렇게 '텍스트 오버레이(이미지 위의 글)'를 추천하고 있다.

- 충분히 큰 활자 크기로 현대적이고 깔끔한 글꼴을 사용하고 대비되는 색조를 적용해보세요.
- 시각적 요소를 가려서는 안 됩니다.
- 너무 많은 메시지를 전달하지 않습니다(일반적으로 광고에는 하나의 행동 유도 버튼이 있어야 함).

골드닥터스가 제작한 이미지 사례

환자 유입을 가능케 하는 타깃 설정

인스타그램 스폰서 광고는 원하는 위치, 관심사, 연령과 성별을 설정할 수 있다. 따라서 정밀하게 잠재 고객층에게 광고가 노출이 된다. 무작위로 노출되는 광고와 차원이 다르다. 특히 피부과, 성형외과, 다이어트 진료 병원들이 정교하게 타깃을 설정한다면, 해당 타깃에게 광고가 노출이 되어 이를 통해 잠재고객의 병원 내원을 유도할 수 있다.

예를 들어, 신촌에 있는 모 피부과에서 신촌 지역의 이십대 여성을 타깃으로 스폰서 광고를 했다고 하자. 그러면 신촌에 거주하는 여대생이 인스타그램에 접속했을 때 스폰서 광고가 노출이 된다. 이웃의 사진들이 이어지다가 자연스럽게 피부과 광고 이미지가 중간에 나온다. 그러면 이 여성은 감각적이고 세련된 이미지에 눈길이 간다. 이때 피부과의 스폰서 광고의 문구를 보게 된다. 이 여성은 그것을 보고, '이것은 내게 꼭 필요한 것이야'라고 생각하게 된다.

유의해야 할 의료심의

병원의 인스타그램 스폰서 광고는 사전에 의료심의를 받아야 한다. 이미지와 문구 등 사전에 잘 준비한 후 여유를 갖고 심의를 받은 후 광고를 진행하는 것이 좋다. 특히 이벤트성 가격할인은 의료법 위반으로 절대 삼가야 한다. 의료심의에 대해서 혼동되거나, 잘 모르는 점은 병원 마케팅 전문가에게 의뢰해보는 것을 권해드린다.

HOSPITAL MARKETING

• 6부 •

반드시 알아야 할 의료법과 사전심의

01
반드시 숙지해야 할
의료법

 "대표님, 보건소에서 신고가 들어왔다고 전화가 왔습니다. 의료법을 지킨다고 생각하는데 너무 당황스럽습니다."
 "마케팅회사에서 온라인 마케팅을 전담하고 있는데 의료법 위반이 되었답니다. 그런데 그 마케팅사에서 책임이 없다고 발뺌을 하네요."
 전국의 여러 진료과 원장님들로부터 이런 전화를 받은 일이 많다. 원장님들은 우리나라에서 손꼽히는 수재임에 틀림이 없다. 그런데 어쩌다가 의료법 위반 사례가 발생하는 걸까? 일부 원장님의 경우, 의료법을 숙지하고 있으면서도 과도한 마케팅으로 환자를 유치하려는 욕심 때문에 그럴 수 있다. 이 경우, 의사로서 의료법을 엄정하게 준수하는 자세를 확립하는 게 필요하다.

또 일부 원장님은 마케팅사에서 의료법 준수를 맡겨버리고 나서, 나중에 낭패를 겪는 일이 있다. 의료법 위반 시 마케팅사에서 책임을 진다는 조항을 계약서에 명기하는 것이 좋다. 법무법인에서 폰트, 이미지 불법 사용 건으로 병원에 전화를 해오는 경우도 많다. 이 경우에도 마케팅사, 홈페이지 제작업체, 영상제작업체 등과 계약을 할 때 계약서에 저작권 위반 분쟁 시 상대 회사에서 책임을 진다는 조항을 명시하는 것이 중요하다.

그 외 원장님의 경우, 의료법을 잘 모르고 있거나 착각을 하는 일이 있다. 다른 병원에서도 다 하기 때문에 별 문제가 없는 줄 알고 광고를 했다가 나중에 보건소에서 전화를 받는 일이 있다. 관행적으로 주위 병원들이 한다고 해서 따라 하지 말고 엄격히 의료법을 알아보고 준수해야 한다. 그리고 지역마다 조금씩 의료법이 다르기 때문에 원장님이 근무하는 곳의 세세한 의료법을 숙지하는 게 필요하다. 가령 서울 강남에서 페이닥터로 근무하다가, 경기권에서 개원을 했다면 그 지역만의 구체적인 의료법 세부사항을 알아둬야 하는 것이 필수다.

네거티브 마케팅으로 변질된 의료법 위반 신고

• • •

한 병원에서 진행한 마케팅이 의료법을 위반했다면, 그 병원은 보건소로부터 전화를 받는다. 사실, 보건소에서는 자체적으로 인력을 투입하여 지역 병원들의 의료법 위반 행위를 일일이 찾아내기란 쉽지 않다. 거의 대부분 지역 병원의 의료법 위반 행위는 누군가 보건소에 신고를 한 것이라고 보면 된다.

과연, 누가 신고를 하는 걸까? 아는 분들은 다들 아시다시피 대부분 경쟁 병원일 가능성이 매우 높다. 한 지역에 동일한 진료과목의 병원이 여러 개 있다면 그 병원들은 치열한 경쟁을 벌이기 마련이다. 자칫 그 경쟁에서 낙오될 경우 폐업을 할 수 있다. 그래서 병원들은 상대 병원들보다 더 많은 비용을 투자해 크게 마케팅을 벌이게 된다. 그런데 이것만으로 끝이 아니다.

스스로 노력해서 사는 방법도 있지만, 상대를 무너뜨려서 사는 방법도 있다. 잘 되는 병원의 마케팅에서 트집을 잡고 신고를 하는 것이다. 근거를 갖고 신고를 하는 것이므로 만약 의료법 위반이 아닌 것으로 판명이 나도 책임을 지는 게 전혀 없다. 그러므로 주위의 잘되는 병원들의 마케팅에서 이것저것 사소한 문제점을 가지고 신고를 하는 일이 많다.

신고를 당한 병원에서는 보건소의 의료법 위반 건으로 전화를 받는 것 자체에서부터 심한 충격을 받는다. 그리고 위반 사실이 판명이 될 경우, 병원에서는 조속히 보건소의 시정조치를 따라야 한다. 시정조치를 안 지킬 경우 보건소 직원이 방문하여 병원을 조사 하는 것과 함께 경찰에 고발을 한다. 의료법 신고를 당한 병원 입장에서는 엄청난 타격이 온다.

이런 점을 노려서 경쟁 병원들이 수시로 트집을 잡고 상대 병원의 의료법 위반 행위를 보건소에 신고를 하고 있다. 특히나 요즘처럼 경기가 안 좋을 때일수록 보건소에 신고하는 일이 많아지고 있는 게 사실이다. 병원 경영이 어려워지다 보니, 상대 병원이 잘 되는 것처럼 보인다. 그래서 더더욱 의료법 위반 신고를 한다. 상대 병원에 대한 안 좋은 이미지를 만들어내려는 것이 목적이다.

이것은 마치 '네거티브 마케팅(negative marketing)'처럼 변질되어 가고 있다. 신고하여 경쟁 병원이 의료법 위반에 걸리게 함으로써 고객 환자들로 하여금 경쟁병원에 대한 부정적 인식을 심어주게 하는 것이다.

신고 들어왔을 때 해야 할 것

• • •

의료법 위반은 중대한 것도 있고 사소한 것도 있다. 중대한 의료법 위반 시에는 원장님이 경찰서, 검찰에 원장님이 출두해야 하는 번거로움이 있으며, 협의가 인정되면 벌금, 영업정지, 면허 정지 등 형사

처벌을 받는 일이 생긴다.

　보건소에서는 연락이 오는 것은 대부분 사소한 의료법 위반 사례다. 이때는 보건소에서 해당 병원에 시정조치를 내린다. 시정조치를 받은 원장님은 성실하게 시정조치를 따라주는 것이 좋다. 시간 내에 빠르게 소명을 해주고, 시정을 했다는 증거자료를 만들어서 제출을 해야 한다. 이때 보건소 담당 직원의 요구에 따라 내용을 잘 만들어서 서면 제출을 하면 무난히 해결이 된다.

　원장님이 보건소 전화를 받으면, 의료법 위반 여부를 떠나서 심장이 벌렁거리면서 멘붕이 온다. 이때일수록 당황하지 않고 침착하게 대응하는 것이 좋다. 이럴 경우에 대비해, 의료법 전문가를 옆에 두고 있는 것이 바람직하다. 병원 전문 마케팅사에서는 다년간 마케팅을 진행해왔기에 의료법에 대한 자료를 많이 구축해놓고 있다. 의료법 위반 건으로 보건소에서 전화가 올 경우, 병원 전문 마케팅사와 상담을 하고 보건소의 조치에 응하는 것을 적극 추천한다.

마케팅 전에 다시 확인해야 할 의료법

● ● ●

　의료법은 수시로 바꾸는 특징이 있다. 원장님은 과거에 의료법을 숙지했다고 자만하면 큰 코 다친다. 수시로 바뀌는 의료법 조항과 그 실제 사례를 확인해보는 것이 좋다. 마케팅을 하기 전에 원장님이 중심에 서서 의료법을 거듭 확인해야 나중에 실수하는 것을 예방할 수 있다. 직원의 잘못이라든지, 마케팅사의 잘못이라는 말이 나와서는 안 된다. 또한 원장님 자신의 착오로 인해 잘못이 생겼다는 말이 나와서는 안된다.

대한민국의 의사라면 누구나 머릿속에 선명히 그리고 있어야 할 '의료법 제56조'를 소개해드린다. 특히, 애매한 조항과 자신 없는 조항에 밑줄을 그어놓고, 그 조항의 실제 사례를 통해 확실하게 의료법을 숙지하는 노력이 매우 중요하다.

의료법 제56조(의료광고의 금지 등) ① 의료기관 개설자, 의료기관의 장 또는 의료인(이하 "의료인 등"이라 한다)이 아닌 자는 의료에 관한 광고(의료인 등이 신문·잡지·음성·음향·영상·인터넷·인쇄물·간판, 그 밖의 방법에 의하여 의료행위, 의료기관 및 의료인 등에 대한 정보를 소비자에게 나타내거나 알리는 행위를 말한다. 이하 "의료광고"라 한다)를 하지 못한다.〈개정 2018. 3. 27.〉

② 의료인 등은 다음 각 호의 어느 하나에 해당하는 의료광고를 하지 못한다.〈개정 2009. 1. 30., 2016. 5. 29., 2018. 3. 27.〉

1. 제53조에 따른 평가를 받지 아니한 신의료기술에 관한 광고

2. 환자에 관한 치료경험담 등 소비자로 하여금 치료 효과를 오인하게 할 우려가 있는 내용의 광고

3. 거짓된 내용을 표시하는 광고

4. 다른 의료인 등의 기능 또는 진료 방법과 비교하는 내용의 광고

5. 다른 의료인 등을 비방하는 내용의 광고

6. 수술 장면 등 직접적인 시술행위를 노출하는 내용의 광고

7. 의료인 등의 기능, 진료 방법과 관련하여 심각한 부작용 등 중요한 정보를 누락하는 광고

8. 객관적인 사실을 과장하는 내용의 광고

9. 법적 근거가 없는 자격이나 명칭을 표방하는 내용의 광고

10. 신문, 방송, 잡지 등을 이용하여 기사(記事) 또는 전문가의 의견 형태로 표현되는 광고

11. 제57조에 따른 심의를 받지 아니하거나 심의받은 내용과 다른 내용의 광고

12. 제27조 제3항에 따라 외국인 환자를 유치하기 위한 국내 광고

13. 소비자를 속이거나 소비자로 하여금 잘못 알게 할 우려가 있는 방법으로 제45조에 따른 비급여 진료비용을 할인하거나 면제하는 내용의 광고

14. 각종 상장·감사장 등을 이용하는 광고 또는 인증·보

증·추천을 받았다는 내용을 사용하거나 이와 유사한 내용을 표현하는 광고. 다만, 다음 각 목의 어느 하나에 해당하는 경우는 제외한다.

가. 제58조에 따른 의료기관 인증을 표시한 광고

나. 「정부조직법」 제2조부터 제4조까지의 규정에 따른 중앙행정기관·특별지방행정기관 및 그 부속기관, 「지방자치법」 제2조에 따른 지방자치단체 또는 「공공기관의 운영에 관한 법률」 제4조에 따른 공공기관으로부터 받은 인증·보증을 표시한 광고

다. 다른 법령에 따라 받은 인증·보증을 표시한 광고

라. 세계보건기구와 협력을 맺은 국제평가기구로부터 받은 인증을 표시한 광고 등 대통령령으로 정하는 광고

15. 그 밖에 의료광고의 방법 또는 내용이 국민의 보건과 건전한 의료경쟁의 질서를 해치거나 소비자에게 피해를 줄 우려가 있는 것으로서 대통령령으로 정하는 내용의 광고

③ 의료광고는 다음 각 호의 방법으로는 하지 못한다.〈개정 2018. 3. 27.〉

1. 「방송법」 제2조제1호의 방송
2. 그 밖에 국민의 보건과 건전한 의료경쟁의 질서를 유지하기 위하여 제한할 필요가 있는 경우로서 대통령령으로 정하는 방법

④ 제2항에 따라 금지되는 의료광고의 구체적인 내용 등 의료광고에 관하여 필요한 사항은 대통령령으로 정한다. 〈개정 2018. 3. 27.〉

⑤ 보건복지부장관, 시장·군수·구청장은 제2항제2호부터 제5호까지 및 제7호부터 제9호까지를 위반한 의료인 등에 대하여 제63조, 제64조 및 제67조에 따른 처분을 하려는 경우에는 지체 없이 그 내용을 공정거래위원회에 통보하여야 한다. 〈신설 2016. 5. 29., 2018. 3. 27.〉

[2018. 3. 27. 법률 제15540호에 의하여 2015. 12. 23. 헌법재판소에서 위헌 결정된 이 조를 개정함.]

02
혼동하기 쉬운 의료심의 인터넷 매체

"모 성형외과 앱에 광고를 하고 싶은데 의료심의를 받아야 할까요?"

"회원이 십만 명인 유튜브로 치과 광고를 하는데 의료심의를 받아야 하는 것입니까?"

원장님들로부터 이런 문의를 받는 일이 있다. 원장님들은 의료심의의 중요성을 알고 있기에 반드시 의료심의를 받으려고 한다. 심의를 받지 않고 의료법을 위반할 경우 큰 타격을 받을 수 있기 때문이다. 그런데 의료심의 대상인 인터넷 매체를 헷갈려하는 일이 있다.

의료인으로서 의료광고 심의대상 매체를 이용해 병원 광고, 마케팅을 하려면 '의료법 제57조'에 따라 사전 의료심의를 받아야 한다. 의료법 제57조 1항은 다음과 같다.

> 의료법 제57조(의료광고의 심의) ① 의료인 등이 다음 각 호의 어느 하나에 해당하는 매체를 이용하여 의료광고를 하려는 경우 미리 의료광고가 제56조제1항부터 제3항까지의 규정에 위반되는지 여부에 관하여 제2항에 따른 기관 또는 단체의 심의를 받아야 한다.〈개정 2008. 2. 29., 2010. 1. 18., 2011. 8. 4., 2016. 1. 6., 2018. 3. 27.〉
>
> 1. 「신문 등의 진흥에 관한 법률」 제2조에 따른 신문·인터넷신문 또는 「잡지 등 정기간행물의 진흥에 관한 법률」 제2조에 따른 정기간행물
> 2. 「옥외광고물 등의 관리와 옥외광고산업 진흥에 관한 법률」 제2조제1호에 따른 옥외광고물 중 현수막(懸垂幕), 벽보, 전단(傳單) 및 교통시설·교통수단에 표시(교통수단 내부에 표시되거나 영상·음성·음향 및 이들의 조합으로 이루어지는 광고를 포함한다)되는 것
> 3. 전광판
> 4. 대통령령으로 정하는 인터넷 매체[이동통신단말장치에서 사용되는 애플리케이션(Application)을 포함한다]

5. 그 밖에 매체의 성질, 영향력 등을 고려하여 대통령령으로
　 정하는 광고매체

정확히 숙지해야 할
의료심의 인터넷 매체

● ● ●

　의료법 제57조에 따르면, 의료광고 심의대상으로 5개의 매체를 정하고 있다. 이 다섯 가지 매체 가운데 온라인 마케팅을 하기 전에 정확히 알아둬야 할 것이 '4. 대통령령으로 정하는 인터넷 매체[이동통신단말장치에서 사용되는 애플리케이션(Application)을 포함한다]'이다. 이를 세부적으로 보면 이렇다.

- 인터넷뉴스서비스 : 신문, 인터넷신문, 뉴스통신, 방송 및 잡지 등의 기사를 인터넷을 통하여 계속적으로 제공하거나 매개하는 전자간행물. 다만, 제2호의 인터넷신문 및 「인터넷 멀티미디어 방송사업법」 제2조제1호에 따른 인터넷멀티미디어 방송, 그 밖에 대통령령으로 정하는 것을 제외

- 방송법 제2조제3호에 따른 방송사업자가 운영하는 인터넷 홈페이지

- 방송법 제2조제3호에 따른 방송사업자의 방송프로그램을 주된 서비스로 하여 '방송', 'TV' 또는 '라디오'등의 명칭을 사용하면서 인터넷을 통하여 제공하는 인터넷 매체 방송법 제2조 제3호에 따른 방송사업자 : 지상파방송사업자, 종합유선방송사업자, 위성방송사업자, 방송채널사용사업자, 공동체라디오방송사

- 「정보통신망 이용촉진 및 정보보호 등에 관한 법률」제2조 제1항 제3호에 따른 정보통신서비스 제공자 중 전년도 말 기준 직전 3개월 간 일일 평균 이용자 수가 10만명 이상인 자가 운영하는 인터넷 매체

여기에서 맨 마지막을 주의 깊게 체크해야 한다. 정보통신서비스 제공자 중 전년도 말 기준 직전 3개월 간 일일 평균 이용자 수가 10만명 이상인 자가 운영하는 인터넷 매체는 심의 대상이라고 나왔다. 원장님들이 사용하는 소셜 네트워킹 서비스(SNS:Social Networking Service)로는 블로그, 유튜브, 인스타그램, 페이스북 등이 있다. 만약, 이것이 전년도 말 직전 3개월 간 일일 평균 이용자 수가 10만명 이상이면 의료심의를 받아야 하고, 그렇지 않으면 의료심의를 받지 않고 홍보채널로 사용가능하다는 말이다.

3개월간 매일 10만명 접속하는
SNS가 의료심의 대상

• • •

원장님들이 신경써서 관리하는 SNS가 블로그, 유튜브, 인스타그램이다. 간혹 원장님의 유튜브가 인기가 좋아 구독자가 수십만 명 단위가 되기도 하며, 블로그와 인스타그램의 조회수가 천여 명이 되기도 한다. 그렇다고 모두 의료심의를 받아야 하는 것은 아니다. 명확히, 전년도 말 직전 3개월 간 일일 평균 이용자 곧 접속자 수가 10만명 이상이 되어야 의료심의 대상이 된다. 하루 만에 10만명 접속자가 생기는 SNS를 만들기도 힘든데, 더욱이 3개월간 매일 10만명이 접속하는 SNS는 거의 만들기 불가능에 가깝다. 따라서 의료법에서 규명한 만큼 접속자가 많지 않은 이상, 원장님들의 SNS 의료광고는 심의를 받지 않아도 된다고 볼수 있다.

이에 따라 앞의 두 원장님의 문의에 대한 답변이 도출이 된다.

"모 성형외과 앱에 광고를 하고 싶은데 의료심의를 받아야 할까요?"

→ 답변: 성형외과 앱이 전년도 말 직전 3개월 간 일일 평균 이용자 곧 접속자 수가 10만명 이상일 경우에만 의료심의를 받아야 한다.

"회원이 십만 명인 유튜브로 치과 광고를 하는데 의료심의를 받아야 하는 것입니까?"

→ 답변: 회원수가 기준이 아니고 접속자 수가 기준이다. 전년도 말 직전 3개월 간 일일 평균 이용자 곧 접속자 수가 10만 명 이상일 경우에만 의료심의를 받아야 한다.

의료심의의 기본 사항

• • •

의료심의는 보건복지부장관으로부터 심의 업무를 위탁받은 대한의사협회, 대한치과의사협회, 대한한의사협회의 의료광고심의위원회에서 진행하고 있다. 원장님은 해당 의료광고심의위원회를 수시로 접속하여, 사전심의 대상과 유의 사항 등을 세세하게 체크하는 것이 좋다. 이와 더불어 병원이 소재한 지자체의 조례 등을 확인해두는 것이 바람직하다.

- 대한의사협회 의료광고심의의원회(https://www.admedical.org/intro.do)
- 대한치과의사협회 의료광고심의위원회(https://dentalad.or.kr/main/)
- 대한한의사협회 의료광고심의위원회(https://ad.akom.org/ad/

index.html)

　의료심의 신청을 하면 평균 2~3주에 결과가 나온다. 결과가 나오는 기간은 의사협회, 치과의사협회, 한의사협회마다 다르다. 의료심의가 잘 통과되기 위해서는 기존의 병원의 광고 사례를 참고하여 살짝 변형하는 것이 좋으며 또한 병원 전문 마케팅사의 자문을 받는 것이 좋다. 한 번에 통과가 안 되는 것을 염두에 둬야 한다. 반려가 되었을 경우 수정한 것을 다시 재심의를 받아야 한다. 따라서 최소 한달 정도의 시간적 여유를 갖고 의료심의를 준비하는 것이 바람직하다.

　유의해야 할 것은 한번 의료심의를 받은 의료광고는 유효기간이 3년이라는 점이다. 계속 광고를 진행하려면 만료일 6개월 전에 연장신청을 해야 한다.

03
주의해야 할 환자 유인행위

"'수능 치른 고등학생 대상 스케일링 50% 할인'을 블로그에 홍보해도 될까요?"

"체험단을 모집하고 싶습니다. 체험단에게 무료 치료 혜택을 준다고 홈페이지에 홍보해도 될까요?"

이벤트 광고를 진행하려는 원장님들이 필자에게 재차 이런 확인 질문을 해오는 경우가 있다. 원장님들은 의료법에 대해 잘 알고 있다. 그런데도 자칫 유인행위로 의료법 위반에 걸리지 않을지 걱정이 되어 필자에게 거듭 확인을 해오고 있다.

이에 대해 필자는 이렇게 답변을 드리고 있다. 보건복지부의 '유형별 의료광고 사례 및 체크리스트'를 참고했음을 밝힌다.

"수능 치른 고등학생 대상 스케일링 50% 할인' 이벤트를 블로그에 홍보해도 될까요?"

→ 답변: 할인 기간과 시술 대상을 제한했는데 특히 경제적 여력이 충분하지 않은 청소년들만 대상으로 한 점은 의료시장 질서를 해할 정도가 아니라고 봐서 환자유인행위가 아니다.

"체험단을 모집하고 싶습니다. 체험단에게 무료 치료 혜택을 준다고 홈페이지에 홍보해도 될까요?"

→ 답변: 체험단 그 자체는 환자유인행위가 아니다. 병원 블로그 체험단은 서울행정법원 2019.1.24. 선고 2018구합70653 판결에 의거해 의료법 합법이다. 하지만 금품 등이 지급되면 의료법 위반이다. 상당한 비용이 드는 여드름 치료를 무료로 하는 것은 곧 금품제공과 같다는 점 그리고 체험단 선발 인원을 표시하지 않은 점에서 유인행위다.

환자 유인행위를 엄격히 금하는 의료법

의료법 제27조(무면허 의료행위 등 금지)의 제3항에는 소개, 알선, 유인 행위의 금지에 대한 사항이 명시되어 있다.

> ③ 누구든지 「국민건강보험법」이나 「의료급여법」에 따른 본인부담금을 면제하거나 할인하는 행위, 금품 등을 제공하거나 불특정 다수인에게 교통편의를 제공하는 행위 등 영리를 목적으로 환자를 의료기관이나 의료인에게 소개·알선·유인하는 행위 및 이를 사주하는 행위를 하여서는 아니 된다. 다만, 다음 각 호의 어느 하나에 해당하는 행위는 할 수 있다.〈개정 2009. 1. 30., 2010. 1. 18., 2011. 12. 31.〉
> 1. 환자의 경제적 사정 등을 이유로 개별적으로 관할 시장·군수·구청장의 사전승인을 받아 환자를 유치하는 행위
> 2. 「국민건강보험법」 제109조에 따른 가입자나 피부양자가 아닌 외국인(보건복지부령으로 정 하는 바에 따라 국내에 거주하는 외국인은 제외한다)환자를 유치하기 위한 행위

'소개·알선'은 환자와 특정 의료기관 또는 의료인 사이에서 치료 위임 계약을 중개하거나 편의를 도모하는 행위를 말한다. '유인'은 기

망 또는 유혹을 수단으로 환자로 하여금 특정의료기관 또는 의료인과 치료위임계약을 체결하도록 유도하는 행위를 말한다. 원장님들이 각별히 유의해야 할 것은 바로 환자 유인행위다.

금품 제공이 특히 불법 환자 유인행위가 되는데, 그 종류와 금액이 정해져 있지 않기 때문에 혼란스러울 수 있다. '상담을 받으면 장미꽃과 향수 케이스 제공'을 광고한 사례에 대해 서울행정법원(2013년 1월)은 불법 환자 유인으로 선고를 내린 바 있다. 따라서 최대한 적은 금액일지라도 금품 제공을 하지 않는 것이 바람직하다. 또한 비급여 항목의 진료비 할인이나 무료 이벤트의 경우도 케이스별 의료법 내 허용 범위 내에서 진행해야 한다.

비급여 진료항목에 대한 과도한 가격할인, 각종 검사나 시술 등을 무료로 추가 제공, 선착순 혜택으로 내건 조건할인, 시술·수술 시 지원금액 등 금품 제공 등의 유인행위는 금지되고 있다.

불법적인 환자 유인행위 4가지

• • •

인터넷과 스마트폰에서 불법적인 마케팅이 많이 적발되고 있다. 상당수의 성형외과, 피부과 등이 경쟁이 치열하다 보니, 의료법에서 금하는 불법 환자 유인행위를 하는 경우가 있다. 대표적인 환자유인 행위로 4가지가 있다.

① 고가나 저가의 시술을 조합한 "묶어팔기"

여러 가지 시술을 패키지 개념으로 묶어서 할인 가격으로 판매하는 광고다. 마트에서 상품을 판매하는 기법과 유사하다. 은근슬쩍 이득을 주어 환자를 유인하는 행위로 명맥히 의료법 위반이다.

② 조건제시를 통한 "특별할인"

조건부 할인 판매 전략과 다름없다. 특정 시술을 하면 다른 시술을 40% 할인하는 식이다. 이는 환자들을 유인하는 행위다.

③ 친구·가족 등과 함께 의료기관 방문 시 혜택을 부여하는 "제3자 유인"

더 많은 환자를 유입시키려는 마케팅 기법으로 명백히 위법이다. 여기서 '제3자'는 평소에 모르는 불특정 다수만 해당하는 게 아니라는 점을 주목하자. 친구와 가족도 위반이 된다.

④ 시·수술 지원금액 지원 등 "금품제공"

금품 제공은 명백히 의료법에서 금지하는 환자유인행위다. 요즘은 이렇게 대놓고 금품을 지원하는 것은 찾아보기 힘들며, 다른 교묘한 방식을 이용하는 경향이 있다.

주의해야 할 환자 유인 광고문구

병원들은 알게 모르게 환자 유인 광고를 하고 있다. 특히 환자를 유인하는 문구를 달고 광고를 하는 경우가 있다. 대표적인 것으로 7가지가 있다. 이 중 '특정기업(회사)과 협약체결 문구의 광고'는 위반이 아닌 것으로 착각하기 쉽다. 예를 들어, '** 소방본부와 지정병원 협약체결', '** 프로 축구단 지정병원 협약체결'과 같은 문구는 명명히 위반이다. 유의해야 할 유인광고 문구 7가지를 잘 숙지해 두자.

- '프리미엄 건강검진', 'VIP 건강검진'의 광고문구 금지
- '차량제공'의 광고문구 금지
- 특정기업(회사)과 협약체결 광고문구 - 단, 의료관련기관 및 병원 간 협약체결은 위원회심의 후 가능함을 결정한다.
- '셀럽을 위한', '연예인 성형' 등 특정 환자 대상 진료 광고 문구 금지
- 직간접적으로 이벤트, 경품제공을 암시하는 광고문구 금지
- '실손보험 가능', '실비보험 가능' 광고문구 - 해당 시술이 조건 없이 본인부담금 무료로 오인할 가능성이 있어서 불허
- '건강보험 적용 가능' 광고문구 - 비급여 진료의 건강보험 적용이 된다는 의미로 오인될 가능성이 있어서 그 의미에 따라 가부결정

04
치료경험담은 의료법 위반일까?

 "모 피부과에 다녀온 후에 내 피부가 몰라보게 좋았거든요, 너무 신기하기도 하고 이웃들에게 좋은 정보를 알리려고 블로그에 사진과 후기를 올렸어요. 그런데 이게 불법이라고 해서 당혹스럽네요. 저는 피부과로부터 돈 한푼 받은 게 없거든요. 피부과 시술은 전적으로 내 돈내산(내 돈 주고 내가 산 제품)입니다. 그런데 이게 의료법 위반이라는 게 너무 당혹스럽네요."

 병원 관련 자료를 찾으려고 인터넷 검색을 하다가 한 블로거의 이런 글을 접했다. 결론적으로 말하면 이는 의료법 위반이다. 치료 후기를 불특정 다수에게 노출되는 SNS에 올리면 의료법 위반이다. 불특정 다수에게 노출된 블로그에 후기(환자경험담)를 올리는 것은 의료법 위반이 되니 각별히 주의해야 한다.

이 블로거는 네이버 고객센터로부터 게시물 삭제요청 메일을 받았을 것이다. 후기에 적힌 피부과 소재의 보건소에서 불법이라고 네이버에 접수를 했기 때문이다.

블로그가 광고 효과가 높아서 그런지 블로그에 불법적인 환자의 경험담 광고를 하는 경우가 적지 않다. 환자가 직접 체험을 통해 특정 의료 기관의 시술이 최고라고 작성한 후기는 그 어떤 것보다 홍보 효과가 높다. 작위적인 광고와 달리 일반인이 순수하게 작성했기 때문에 일반환자들은 매우 높은 신뢰를 갖게 된다. 이런 치료 경험담의 높은 광고 효과를 노리고 의료법을 위반하는 사례가 있다.

꼼수로 작성되는 치료 후기는 명백히 불법

병원 측에서는 불특정 다수에게 노출된 블로그에 환자 치료 후기를 작성하면 의료법 위반이라는 사실을 잘 알고 있다. 따라서 종종 의료법을 잘 모르는 환자들에게 할인 혜택을 주는 조건으로 블로그에 후기를 작성해달라고 유인하는 일이 있다. 그래서 결국 환자가 블로그에 올린 치료 후기가 의료법 위반이 된다. 블로그 등 SNS에 올린 후기가 왜 불법이 되는지 의료법을 알아보자.

의료법 제56조(의료광고의 금지 등) ① 의료기관 개설자, 의료기관의 장 또는 의료인(이하 "의료인 등"이라 한다)이 아닌 자는 의료에 관한 광고(의료인 등이 신문·잡지·음성·음향·영상·인터넷·인쇄물·간판, 그 밖의 방법에 의하여 의료행위, 의료기관 및 의료인 등에 대한 정보를 소비자에게 나타내거나 알리는 행위를 말한다. 이하 "의료광고"라 한다)를 하지 못한다. 〈개정 2018. 3. 27.〉

② 의료인 등은 다음 각 호의 어느 하나에 해당하는 의료광고를 하지 못한다.〈개정 2009. 1. 30., 2016. 5. 29., 2018. 3. 27.〉

2. 환자에 관한 치료경험담 등 소비자로 하여금 치료 효과를 오인하게 할 우려가 있는 내용의 광고

의료법시행령 제23조(의료광고의 금지 기준) ① 법 제56조제2항에 따라 금지되는 의료광고의 구체적인 기준은 다음 각 호와 같다. 〈개정 2008. 12. 3., 2010. 1. 27., 2012. 4. 27., 2017. 2. 28., 2018. 9. 28.〉

2. 특정 의료기관·의료인의 기능 또는 진료 방법이 질병 치료에 반드시 효과가 있다고 표현하거나 환자의 치료경험담이나 6개월 이하의 임상경력을 광고하는 것

이 두 개의 의료법과 의료법시행령은 두 가지로 정리할 수 있다. 첫 번째, 의료인이 아니면 의료광고를 못한다는 것이다(의료법 제56조 제1항). 두 번째, 특정 의료기관이나 의료인의 시술이 효과 있다고 글을 작성하거나 치료경험담을 광고하지 못한다는 것이다(의료법 제56조 제2항 제2호, 의료법시행령 제23조 제1항 제2호). 두 번째가 환자 후기가 위반임을 명시한 것이다.

그런데 환자의 후기가 올려진 SNS가 공개된 것이냐 그렇지않느냐에 따라 위반이 되기도 하고 그렇지 않기도 한다. 로그인 등의 절차 없이 불특정 다수가 열람할 수 있는 인터넷에 공개된 SNS에 올린 후기는 위반이다. 하지만 로그인 등의 절차를 통해 특정인에게만 후기가 공개될 경우 이는 광고가 아닌 것으로 보기에 허용이 된다. 요점을 말하면 이렇다.

- 불특정 다수에게 공개되는 것은 광고이며, 로그인 등 절차로 특정인에게만 공개된 것은 광고가 아니다. 광고만이 의료법 대상이며, 광고가 아닌 것은 의료법 대상이 아니다.
- 불특정 다수에게 공개(광고)되는 후기는 불법이지만, 특정인에게 공개(비광고)된 후기는 허용된다.

치료경험담이냐? 단순방문후기냐?

● ● ●

"간호사님들이 참 친절하게 상담해줬어요."

"인테리어가 럭셔리하고 화장실도 너무 깨끗하더라구요."

"내가 질문을 많이 하는데도 원장님이 자상하게 설명을 해주었습니다."

환자분들은 종종 이런 후기를 작성하기도 한다. 이는 치료경험담일까? 이는 치료경험담이 아니라 단순방문후기다. 단지 병원을 방문했을 때의 치료 외적인 부분에 대한 글이기 때문이다. 후기에 치료에 대한 내용이 있다면 이것은 명백히 치료경험담이다. 하지만 치료 외적인 면에 대한 후기는 단순방문후기로 의료법 대상이 아니므로 허용이 된다.

치료 사진 올리기 위한 조건 5가지

● ● ●

환자의 치료 사례 사진은 치료경험담으로 볼수 있다. 따라서 불특정 다수를 대상으로 한 공개 곧 광고는 금지 대상이 될 가능성이 있다. 그렇다고 공개된 사진 모두가 일률적으로 위반이 되는 것이 아니다. 다음의 다섯 가지 조건을 충족할 경우, 의료법령을 준수하는 범위에서 로그인 절차 없이 불특정 다수의 열람이 가능한 치료 전·후 사진 게재는 가능하다. 이는 보건복지부의 유권해석에 따른 것이다.

① 해당 의료기관에서 진료를 한 환자의 사진에 한할 것
② 그 전·후 사진의 인물이 동일인일 것
③ 전·후의 촬영 시기가 명시될 것
④ 동일 조건(사진에 대한 별도의 조작이 처리되지 않은 것을 의미함)에서 촬영된 사진일 것
⑤ 해당 진료별로 부작용을 명시하는 광고일 것

05
유의해야 할
광고문구와 표현

　병원이 의료법 위반으로 보건소로부터 시정조치를 많이 받는 것 가운데 하나가 의료광고의 문구, 표현이다. 다양한 상황에 따라 금지하는 문구와 표현이 있다. 이에 대해서는 원장님이 직접 신경써서 숙지해야만 나중에 문제가 생기지 않는다.

　일부 원장님은 진료에만 전념한다는 생각을 가진 나머지 광고의 문구를 체크하지 않는 경향이 있다. 계약을 맺고 있는 마케팅사가 다 알아서 해주는 것으로 알거나, 직원이 맡아주는 것으로 알고 있다. 그러다가 의료법 위반이 될 경우 원장이 전적으로 책임을 져야 하는 상황이 벌어진다. 원장님은 안정적으로 병원 운영을 하기 위해서 반드시 의료광고의 문구, 표현을 잘 챙겨야 한다.

필자가 아는 한 척추병원은 보건복지부로부터 지정을 받은 척추전문병원이었다. 이 병원은 병원 건물 유리창에 '척추전문병원'이라고 대대적으로 홍보를 했다. 여기까지는 아무 문제가 없었다. 그런데 전문병원에 대한 보건복지부의 심사 요건이 강화됨에 따라 몇 년 후에는 전문병원에서 탈락했다. 따라서 이 척추병원에서는 '전문병원'이라는 명칭을 사용할 수 없었다. 하지만 광고문구를 그대로 사용했고, 아무도 그 사실을 인지하지 못했다. 그 결과 그 병원은 고발당했고, 의료법 위반으로 보건소로부터 시정조치를 받았다.

그러면 진료를 보느라 바쁘신 원장님을 위해, 유의해야 할 의료광고 문구와 표현 3가지 종류를 소개한다. 보건복지부의 '유형별 의료광고 사례 및 체크리스트'를 참고했다.

1. '전문병원' 명칭은 복건복지부에서 지정받아야

병원 홈페이지와 광고를 보면 '전문병원'이라는 문구를 자주 접한다. '전문'자가 들어간 병원 그렇지 않은 일반 병원보다 더 의료 기술이 높을 것으로 여겨진다. 그래서인 여러 진료과목 병원들이 전문병원이라고 광고하고 있다. '임플란트 전문병원', '척추 전문병원', '동안 성형 전문병원' 등이 그 사례다.

이렇게 전문병원이라는 문구는 누구나 사용할 수 있을까? 의료법에 따르면, '전문병원'이라는 문구는 아무나 쓰지 못하게 되어 있다. 의료법을 살펴보자.

제3조의5(전문병원 지정) ① 보건복지부장관은 병원급 의료기관 중에서 특정 진료과목이나 특정 질환 등에 대하여 난이도가 높은 의료행위를 하는 병원을 전문병원으로 지정할 수 있다. 〈개정 2010. 1. 18.〉

이에 따르면, '전문병원' 명칭은 보건복지부장관이 지정한 병원에 한해서 사용가능하다. 따라서 함부로 '전문병원'이라는 명칭을 광고하는 행위는 소비자를 속이거나 소비자로 하여금 잘못 알게 할 우려가 있는 부당한 표시, 광고이다. 거짓광고이므로 의료법 위반이 된다.

2. 치료효과 보장과 과장 문구는 금지

환자 고객을 현혹하는 치료효과 보장 문구는 금지가 된다. 대표적으로 최상급, 극대화를 의미하는 단어는 사용할 수 없다. 확률적으로 0% 및 100%의 의미를 가진 단어를 사용해 '부작용 없이', '통증없이', '완치', '해결', '가장 안전한', '안전한' 등으로 표현하는 광고문구는 금지된다. 불인정되는 대표적인 문구와 표현은 이렇다.

최고, 최초, 유일한, 최첨단, 첨단, 최상의, 지역 최초, 지역 1위, 특수, 특별, A+, 전문, 특화, 특성화, 명품, 선구자, 일인자, ~쪽, 빼, 완전히

또한 의료광고에서 "일주일이면 치료할 수 있다.", "당일퇴원", "당일퇴원 가능" 같은 문구를 심심치 않게 접할 수 있는데 이렇게 치료기간을 단정하여 명시한 문구는 금지된다. 치료 기간을 명시하고자 할 때는 이렇게 완곡하게 표현하는 것은 가능하다.

통상적으로 일주일 정도 걸린다, 당일퇴원 지향

병원마케팅을 할 때 과장된 표현을 하기가 쉽다. 하지만 객관적인 사실과 달리 과장해서 광고를 하는 것은 과장광고이며 의료법으로 금지가 되어 있다. 과장광고는 네 가지로 살펴볼 수 있다. ① 진실이 아니거나 사실보다 지나치게 부풀려진 내용의 광고 ② 객관적인 사실이 아니거나 근거가 없는 내용의 광고 ③ 의학적, 과학적으로 검증되는 않은 내용의 광고 ④ 막연하게 환자로 하여금 헛된 의학적 치료를 기대하게 하는 광고

이에 대한 대표적인 문구는 다음과 같다. 명백한 결정 기준을 잡기 힘들기 때문에 허위 과대광고로 금지가 된다.

국내 최초, 국내 최상품, 대표적

3. 유의해야 할 자격·명칭, 경력

의료법 제56조(의료광고의 금지 등) 제2항 제9호에 따르면, '법적 근거가 없는 자격이나 명칭을 표방하는 광고'는 금지가 되어 있다. 원장님은 경력을 소개할 때 이를 유념해야 한다. 광고 카피를 돋보이게 하려고 새로 만들거나 한 줄이라고 더 넣어보려고 하다가 의료법 위반이 될 수 있다. 대표적으로 다음과 같다. 이처럼 법적인 근거가 없는데 임의적으로 만들어낸 명칭 표현은 위반이다.

'교정박사', '얼굴 전문 의사', '비절개모발이식 전문의', '명의'

각별히 주의해야 할 것이 '**박사', '**전문의'라는 표현이다. 의료법적으로 의료광고에 표기하는 전문과목 명칭을 해당 규정에 따른 전문과목에 맞게 표기해야 한다. 따라서 관련 규정에 따른 전문의 과정이 없다면 전문의 자격인 것처럼 표기해서 사용할 수 없다. 이는 명백히 거짓 과장광고로 의료법 위반이다.

또한 의료법에 따라 6개월 이하의 임상경력은 광고를 할 수 없다. 의료법 시행령 제23조(의료광고의 금지 기준) 제1항 제2호에 따르면 "특정 의료기관·의료인의 기능 또는 진료 방법이 질병 치료에 반드시 효과가 있다고 표현하거나 환자의 치료경험담이나 6개월 이하의 임상경력을 광고하는 것"은 금지되었다. 따라서 국내·외 연수 경력은 6개월 이상의 경력에 한해서 광고에 기재할 수 있으며, 이 사실을 확인할 수 있는 경우에만 기재를 허용하고 있다.

또한 의료와 무관한 경력은 광고 금지가 되었다. '**학회 부교수', '미스코리아심사위원', '바른생활운동협의회 이사'와 같은 경력의 광고가 금지되고, TV, 잡지 등 출연 사실도 광고 게재가 금지되고 있다. 만약 경력을 광고할 경우에는 자격증, 졸업·경력증명서 등 근거를 제시한 후 전·현직, 기관명, 소속, 직책, 성명 등을 구체적으로 표기해야 한다. 단, 6개월 이상의 경력 표기만 가능하다.

HOSPITAL MARKETING

· 7부 ·

마케팅 효과 높이는 내부마케팅에 대한 조언

01
내부마케팅이 온라인 마케팅 성공을 보장한다

"저는 노출율과 함께 전환율에 자신이 있습니다. 원장님도 고객만족 서비스에 만전을 기해주십시오. 그래야 병원 매출 성장이 가능합니다."

필자가 원장님들에게 항상 드리는 말이다. 필자는 광고가 제대로 안될 시 100% 환불한다고 밝히고 있는데 이는 마치 식당 주인이 고객들에게 음식 맛이 없으면 100% 환불해 주겠다고 하는 것과 같다. 아무리 음식 솜씨가 탁월한 셰프도 감히 이렇게 하기가 쉽지 않다.

골드닥터스는 다르다. 골드닥터스는 오랫동안 축적한 성과를 통해 자신감을 가지고 있다. 만일 골드닥터스가 성과를 못낸다면 업계에서 떠날 수밖에 없다. 하지만 10년 이상 골드닥터스는 업계에서 승

승장구해오고 있다.

필자는 최상위 노출을 통해 신환을 유치하는 데 자신이 있다. 물론, 이것만으로도 어느 정도 단기간 매출 상승을 기대할 수 있지만 장기적으로 꾸준히 매출을 높이기 위해서는 또 다른 것이 요구된다. 원하는 수치만큼의 안정적인 매출 신장을 위해서는 고객만족 서비스가 나올 수 있도록 내부 마케팅이 잘 준비되어 있어야 한다.

온라인 마케팅 효과를
배가하는 내부마케팅(Internal Marketing)

골드닥터스가 기술력으로 온라인 통합 마케팅을 펼쳐서 병원을 상위노출 1등을 만들어드리는 것은 어렵지 않다. 일단 최상위 노출을 하면, 광고를 접한 고객 환자분들이 새로 병원을 방문하게 된다. 필자가 책임지는 것은 딱 여기까지다.

그다음은 병원의 몫이다. 새로 유입된 신환이 일회성으로 끝나버리느냐, 다시금 내원하게 만드느냐는 병원이 어떻게 하느냐에 달려있다. 이는 곧 매출 상승이 되느냐 그렇지 못하느냐는 병원에게 달렸다는 말과 같다. 이때, 필요한 것이 내부마케팅(Internal Marketing)이다.

외부의 고객을 향한 마케팅은 외부마케팅(External Marketing)이며,

이와 달리 고객만족 서비스 창출을 위해 직원을 향한 활동은 내부마케팅이다. 그 의미는 이렇다.

내부 고객인 직원이 서비스마인드를 갖고 서비스 지향적일 수 있도록 동기부여, 교육, 보상 등을 하는 기업 활동이다.

마케팅사가 발군의 실력을 발휘하여, 신규환자를 유입시키는 일을 한다. 그러면 병원은 직원 관리를 잘하여 환자를 만족시켜서 다시금 재진을 받도록 해야 한다. 그렇지 못하면 아무리 탁월한 마케팅을 펼친다고 해도 깨진 독에 물붓기와 다름없다. 부지런히 우물에서 물을 퍼서 독에 물을 부어도 잠깐 물이 차는 것 같을 뿐 이내 물이 온데간데없이 사라져버린다면 얼마나 허망한 일인가?

실제로 유감스럽게도 몇몇 병원들은 골드닥터스가 노출 1등을 시켜서, 전환율를 높여드렸지만 반짝 그때뿐인 경우가 있다. 많은 신규환자들이 초진을 받으러 병원을 방문하지만, 딱 그때뿐이다. 다시는 환자들이 그 병원에 재진을 받으러 오지 않는다. 그 병원의 내부마케팅이 엉망이어서 환자가 만족스러운 경험을 하지 못하기 때문이다.

외부 마케팅(온라인 마케팅)이 잘 되는 것과 함께 병원의 내부마케팅이 잘 구축이 되어 있어야 한다. 병원 근무에 만족하는 직원들로부터 최고의 고객만족 서비스가 나온다. 아무리 외부 마케팅을 잘해도

정작 내부마케팅이 받쳐주지 못하면, 외부마케팅의 효과가 떨어진다.

고객 만족서비스를 지향하는 내부마케팅

• • •

내부마케팅에서 궁극적으로 지향하는 것은 고객 만족 서비스다. 직원들이 고객에게 만족스러운 경험을 주기 위해서는 어떻게 해야 할까? 원장이 직원들에게 지시를 내리고 또 닦달하기만 하면 금세 직원들의 서비스가 좋아질까? 절대 그렇지 않다는 것이 경영학자의 답이다.

고객만족 서비스가 나오려면 직원들이 자발적으로 고객환자를 존중하는 마음이 있어야 한다. 고객환자가 병원을 방문하여 데스크에서 접수하고 대기하고 나서, 상담을 받은 후 진료를 받고 병원 문을 열고 나가는 순간까지 정성을 다해 서비스를 한다는 마음가짐이 있어야 한다. 이렇게 하려면 직원이 행복하고 일에 대한 만족감이 높아야 한다. 이를 위해 원장님은 동기부여, 교육, 보상 등을 통해 내부마케팅에 많은 노력을 해야 한다.

내부마케팅 잘 갖춘 병원,
부정적 리뷰 포용

• • •

대대적인 온라인 마케팅을 펼치는 마케팅사 입장에서는 간간이 올라오는 병원에 대한 부정적인 리뷰가 골칫거리다. 이는 원장님도 마찬가지다. 배달앱에서 음식점에 안 좋은 리뷰가 달리면 엄청난 타격이 온다는 것은 누구나 다 아는 사실이다. 병원도 안 좋은 리뷰가 심각하게 환자 유입을 떨어뜨린다. 환자들은 병원을 선택할 때 리뷰를 찬찬히 살펴본다. 병원에 대한 좋은 이미지를 가지고 있다고 해도 만약 안 좋은 리뷰를 접하게 되면, 그 병원을 선택하여 방문할 가능성이 급격히 떨어진다.

오랫동안 마케팅을 담당하는 대형병원이 있었다. 꾸준히 그 병원에 환자들이 유입되고 있었는데 하루는 네이버 플레이스에 직원이 불친절하다는 리뷰가 올라왔다. 필자는 병원 측에서 그 리뷰를 내려달라는 요청이 오지 않을까 노심초사하고 있다. 그런데 부정적 리뷰가 달린 것을 사실대로 실시간으로 단톡방에서 보고하자, 그 병원 원장님이 이런 반응을 보였다.

"그 리뷰를 보고서 뒤돌아보는 시간을 가졌습니다. 곰곰이 생각해 보니, 직원들에게 환자들에게 친절하게 응대하라고 교육했지만 부족한 듯하네요. 그러다 보니 직원들이 고객 대응 서비스를 잘못한 것으로 보이네요. 이번 기회에 좋은 서비스가 나올 수 있도록 내가 솔선수범하는 것은 물론 직원들을 더욱더 존중하는 조직문화를 만들어보기로 했습니다."

그 원장님은 직원 친절 교육을 펼쳤고, 친절한 직원들을 뽑아서 시상식을 했다. 조직원들끼리 칭찬하는 이벤트도 매달 진행했다. 이로써 내부마케팅에 만반을 기했다. 골드닥터스에서는 그 사실을 온라인에 홍보했다. 수개월이 흐르자, 호의적인 리뷰가 줄을 잇기 시작했다.

"전화를 받은 상담원이 밝은 목소리로 자세하게 설명해줬어요. 기분이 좋아지더라구요."

"대기시간이 몇 분인지를 알려줬고, 오래 기다리지 않아서 좋았어요."

"화장실 다녀오느라 진료실을 깜빡했는데 지나가던 직원이 진료실 앞까지 친절하게 데려다 주더라구요."

그 대형병원 원장님은 내부마케팅에 대한 이해도가 있었기에 부정적 리뷰를 덮으려고 하지 않고 정면으로 받아들이고 부족한 점을 개선해나갔다. 그 원장님은 부정적 리뷰를 접한 후 내부마케팅을 더 보완했다. 따라서 전보다 더 좋은 리뷰가 달렸고, 이는 곧 온라인 마케팅의 효과를 더 높여주었다. 이는 곧 뚜렷한 매출 상승으로 이어졌다.

외부마케팅과 내부마케팅은
선순환 구조가 되어야

광고만 의존하고 높은 효과를 바라지만 말아야 한다. 외부마케팅과 내부마케팅은 별개가 아니며 유기적으로 결합이 되어야 한다. 두 마케팅은 서로 선순환 구조가 되어야 한다. 외부 마케팅으로 많은 신환을 유입시키면, 내부마케팅은 고객만족 서비스를 통해 재방문으로 이어지게 만들어야 한다. 그래야 원하는 만큼의 확실한 매출을 기대할 수 있다.

02
사업가로서
서번트 리더십을 발휘하라

　환자들을 상대하면서 최고의 서비스를 선보이는 역할은 주로 직원이 한다. 환자접수, 진료실 안내, 상담, 해피콜 등의 직원 업무를 통해 환자들에게 즉각적으로 서비스가 전달된다. 이때 숙련된 직원이 중요하다. 서비스의 구체적인 실행방법을 몸으로 기억하고 있는 직원들이 현장에서 환자들에게 친절한 서비스를 빈틈없이 제공한다.

　요즘 그런 직원들을 구하기가 하늘의 별 따기다. 원장님들을 만나보면 다들 경력 직원을 구하지 못해서 안달인 경우가 많다. 직원들에게 높은 연봉을 제시하고 각종 수당 및 연차를 보장하는 조건을 내세워도 직원을 구하기 힘들다는 것이다. 어렵사리 직원을 채용하더라도 직원이 그만둬버리기가 일쑤라고 한다. 이런 사정을 접하면 마치 직원들에게 문제가 있는 듯하다.

그런데 필자가 간호사, 간호조무사, 치위생사, 병원코디네이터의 커뮤니티를 접속해보면 전혀 다른 이야기들을 접하게 된다.

"원장님이 너무 권위적이고 고압적인 말투로 늘 지시하기만 해서 숨이 막힐 것 같았어요."

"원장님이 진료에만 매달리고 고객 응대에는 별 노력을 안 하더라구요. 이러다 보니 환자들이 자꾸 끊기게 되는 것 같아서 더 이상 다닐 마음이 없었습니다."

"원장님이 마치 직원을 종 부리듯 하는 것이 너무 기분이 나쁘더라구요. 요즘에도 그런 원장이 있는지 참."

더 이상 진료실이 답이 아니다

일부 원장님들은 아직도 진료에 매진하는 것이 최선의 길이라고 생각하고 있다. 의사로서 환자의 생명을 치료하는 숭고한 일에 많은 시간을 투자하는 것은 당연하다. 원장님들은 청춘을 바쳐 의대에서 환자를 치료하는 의료기술을 배웠다. 원장님의 머릿속에는 오로지 그것으로 가득 차 있다고 해도 과언이 아니다.

그렇지만 병원을 운영하고자 할 때부터 생각을 바꿔야 한다. 의료기관을 이끌어가는 경영자로서 해야 할 일이 참으로 많다. 경영과 회계, 직원관리와 교육, 인사, 노무, 마케팅 등 한도 끝도 없다. 그런데도 원장이 대부분의 시간을 진료실에서 보내는 것을 당연히 여긴다면 병원이 제대로 돌아가기 힘들다.

개원 전에 원장님들은 어떻게 병원 경영에 대해 배울까? 대개 페이닥터로 근무하면서, 혹은 개원세미나 참석을 통해 병원 경영 전반에 대해 배운다. 이 가운데에서도 페이닥터로 근무할 경우 병원 경영을 어떻게 해야 하는지에 대해 많은 것을 깨닫게 된다. 결코, 의사 가운을 입고 진료실에만 있어서는 안 된다는 것을 몸소 체험한다. 이런 자각을 하게 된다.

'많은 대출을 끼고 개원한 병원, 진료만으로 잘 돌아가는 시대가 아니다. 병원이 많이 생기면서 과도한 경쟁이 벌어지고 있는 상황에서 남다른 경영 수완이 있어야 한다. 사업가로서의 마인드로 무장을 해야 병원이 살아남는다.'

하지만 개원세미나를 통해 잠깐 간접적으로 병원 경영에 대한 지식을 습득할 경우 진정한 병원 경영자가 되기가 쉽지 않다. 그래서 간간이 마케팅사에 병원 경영을 전적으로 의존하거나, 혹은 경력 많은 실장에게 병원 경영 전반을 맡겨버리는 일도 있다. 따라서 이런 원장에게서는 사업가로서의 마인드, 리더십을 찾아보기 힘들다.

필자는 원장님과 미팅을 많이 한다. 직접 병원을 찾아가서 원장님을 뵙고 몇 마디를 나눠보면 즉각적으로 판단할 수 있다. 원장님이 사업가로서의 마인드를 갖고 사업가 리더십을 발휘하여 병원을 운영하는지, 사업가로서의 마인드, 리더십이 부재한 채로 병원을 운영하는지를 말이다.

원장님에게 필요한 서번트 리더십의 요소는?

• • •

사업가라고 하면, 일방적으로 직원에게 지시하고 성과를 요구해야 하는 것을 떠올리기 쉬운데 이는 잘못된 생각이다. 요즘 젊은 직원들은 더더욱 자기주장이 강해지고 있다. 이런 상황에서는 상명하달식 의사소통이 오히려 역효과를 불러일으킨다. 일부 원장님이 사업가로서 리더십을 발휘한다고 했지만 사실 그게 수직적 의사소통이기 때문에 직원들로부터 반발을 사고 있는 게 현실이다. 특히 MZ 직원들은 권위적인 원장님을 매우 싫어한다.

원장님이 과거 기업가들처럼 수직적 지시를 내리는 카리스마형의 사업가가 될 필요가 없다. 이제는 그런 유형의 사업가는 오히려 경영과 매출에도 좋지 않는 영향을 미친다. 지금 원장님에게 필요한 사업가로서의 리더십은 서번트 리더십(Servant Leadership)이다. 이것은 직원 존중을 바탕으로 직원의 잠재력을 발휘하도록 앞에서 끌어주는 리더십이다. 서번트 리더십의 중요한 요소는 직원 존중과 솔선수범이다.

자발성을 끌어내는 직원 존중

• • •

원장은 사업가로서 직원 존중하는 조직문화를 조성해야 한다. 왜 간호사의 이직율이 높은지를 생각해 보자. 간호사들은 무엇보다 존중받기를 원한다. 원장으로부터 존중받으며, 배려받고 칭찬을 받기를 바라고 있다. 이것이 빠진다면 아무리 높은 연봉을 제시하더라도 직원이 얼마 안 가서 이직해버린다.

또한 쉽게 이직하는 직원이 병원에 근무한다면 어떤 일이 벌어질까? 이런 직원들은 무사안일주의다. 언제라도 그만둬버릴 수 있기 때문에 책임감을 갖고 적극적으로 업무를 하지 않는다. 직원이 행복과 만족감이 없다면 절대로 고객 만족 서비스가 나올 수 없다. 직원이 자발적으로 고객만족서비스를 실천하게 만들려면, 지시와 통제가 아닌 직원 존중이 있어야 한다. 사업가로서 고객 환자들에게 최고의 만족 서비스를 선보이고자 한다면, 무엇보다 직원을 존중해야 한다. 그에 부응하여 존중받은 만큼 직원이 고객을 존중하는 마음이 우러나오며, 이를 통해 최고의 고객만족서비스가 나온다.

목표를 향하게 만드는 솔선수범

• • •

원장은 사업가로서 조직의 오너이므로 밑에 있는 직원들을 마음대로 부려 먹어도 된다는 생각을 하지 않은 것이 좋다. 그런 생각을 가진 원장을 직원들이 잘 따르지 않는다. 원장이 솔선수범하여 중요한 일을 직접 처리하는 모습을 보여줘야 한다.

잘 되는 병원들은 알고 보면, 원장님이 사업가 마인드를 갖고 경영, 마케팅, 고객응대에 많은 신경을 쓰고 직접 앞장선다. 모 피부과 원장님의 경우, 주말에도 병원에 나와서 마케팅 진행 과정을 체크하고 골드닥터스에 아이디어를 제시하기도 하고 블로그에 올리면 좋은 신문 기사를 직접 복사해서 보내주면서 포스팅에 반영해달라고 요청하기도 한다. 또한 일부 고객의 문의 전화를 직접 받고 친절히 상담을 해주기도 한다. 모 정형과 원장님의 경우, 수시로 상위 노출이 잘 되는 키워드를 생각해내어 골드닥터스에 전달해주며, 직원들과 함께 직접 고객 응대에 나선다.

이 두 원장님들은 사실 직원이 알아서 해야 할 일을 자신이 솔선수범해서 하고 있다. 이런 원장님을 둔 병원 직원들은 원장님을 잘 따르게 되므로, 환자를 어떻게 응대해야 하는지 일일이 지시하지 않아도 된다.

원장이 사업가로서 솔선수범까지 할 필요가 있을까 하고 의구심을 갖는 분이 있을 것이다. 솔선수범은 실제로 심리학적으로 효과가 있다. '목표 전염(goal contagion)'이라는 심리학 개념이 있다. 이는 한 사람이 다른 사람의 행동을 유심히 지켜보고서 그 행위자의 목표를 자신의 것으로 만드는 것을 말한다. 따라서 병원이라는 조직체의 최고 경영자 원장의 솔선수범하는 행동이 직원들로 하여금 병원의 목표를 자신의 것으로 만들게 한다.

원장님이 고객 만족서비스를 입으로만 외칠 것이 아니라 몸소 실천하는 모습을 보이면, 직원들은 그 원장님의 목표를 자신 것으로 받아들고 적극적으로 고객 만족서비스에 앞장 선다.

03
'환자 우선'의
핵심 가치를 공유하라

    필자는 원장님과 미팅을 하러 전국 방방곡곡을 누비고 다닌다. 이때, 해당 지역을 찾게 되면 식당, 카페 등에서 인근 주민과 대화를 나누곤 한다. 이를 통해 병원의 평판에 대해 파악해본다. 어떤 병원은 매출이 높지만 주민들의 평판이 그리 좋지 않는 경우가 있는 반면, 어떤 병원은 규모가 작고 매출의 적지만 평판이 좋은 경우가 있다. 후자의 경우 장기적으로 볼 때 매출 신장이 되고 지역의 유명 병원이 될 가능성이 높다. 평판은 곧 서비스에 대한 평가에 다름이 아니다.

    한번은 지방에서 새로 개원한 내과병원의 원장님으로부터 만나자는 연락을 받았다. 필자의 골드닥터스가 그 지역 상위 노출 1등을 시켜드렸지만 매출이 나아지지 않아서였다. 필자는 객관적으로 병원 서비스 상태를 파악해보고 싶어 환자인 것처럼 그 병원을 방문했다. 그 병원의 외관은 화려했으며, 문을 열고 들어간 실내도 인테리어가 고급스럽게 되어 있었다.

필자는 접수대 앞으로 다가갔다. 직원이 전화를 받고 있었는데 필자를 알아보지 못했다. 직원은 환자인 듯한 사람과 통화를 하고 있었는데 신경질적인 표정을 지었다. 그 직원은 앞에 서 있는 필자를 본체만체하고 언성을 높이며 통화를 했다. 필자는 그 직원의 불쾌한 통화 내용을 옆에서 다 들어야 했다.

그 직원은 전화를 끊고 나서는 경직된 표정으로 필자의 접수를 받았다. 기다리게 해서 미안하다는 말 한마디가 없었다. 필자는 감기 환자인 것처럼 접수를 했고 대기를 했다. 그런데 또 그 대기시간이 왜 그렇게 긴지 무려 40여 분이나 되었다. 필자는 슬슬 짜증이 나기 시작했다. 이후로 이어지는 것은 더 말할 필요도 없었다. 한 마디로 서비스 실종이었다.

나중에 원장님으로부터 직원들에게 서비스 교육을 한다는 얘기를 들었다. 그런데도 왜 이런 일이 벌어지는 걸까?

직원 만족을 배제할 때 생기는
서비스 7거지악

고객 만족 서비스가 이루어지기 위해서는 고객과의 매 접점에서 서비스를 하는 직원의 만족이 선행되어야 한다. 만족하는 직원에서 양질의 서비스가 나온다. 앞서 소개한 내과병원 원장님은 그 점을 간과한 것이다. 직원들에게 서비스 교육을 시키기만 하면 된다는 잘못된 생각을 가진 것이다. 만족하지 않는 직원에게 아무리 서비스 교육을 시켜봐도 허사다. 직원에게서 자발적으로 고객만족 서비스가 나오지 않는다.

요즘 병원들은 형식적으로나마 직원들에 대한 서비스 교육을 실시하고 있다. 고객 만족 서비스의 중요성을 아는 원장님들이 직원들에게 주기적으로 서비스 교육을 하고 있다. 하지만 직원 만족을 시키지 못한 채 서비스 교육만 하는 것은 깨진 독에 물을 붓는 것과 매한가지다. 그 결과, 서비스 교육을 한다는 병원에서 이처럼 고객에 대한 응대 불량 태도 곧 '서비스 7거지악'이 생긴다.

- 무관심(apathy): 나와는 관계없다는 식으로 대응(고객이 창구에 와도 쳐다보지 않는 행위)
- 무시(brush-off): 마치 먼지를 털어내듯 고객의 욕구나 문제를 못 본 척하고 고객을 피하는 일

- 냉담(coldness): 귀찮으니 저리 좀 가주셔요라는 식으로 퉁명스러움
- 건방떨기(condescension): 마치 의사가 환자 다루듯 고압적 태도
- 로봇화(robotism): 기계적으로 응대
- 규정 핑계(rule book): 고객의 만족보다 내부규정을 앞세움
- 뺑뺑이 돌리기 (runaround): 죄송합니다만 **로 가주세요라면서 여기는 담당이 아니라는 태도

세계 최고의 메이요클리닉의 환자 우선 서비스

전 세계 최고의 병원으로 알려진 곳이 바로 메이요클리닉이다. 이 병원은 미국 시사 주간지 뉴스위크에 의해 여러 차례 최고 병원으로 선정되었는데 2023년에도 부동의 최고 병원으로 선정이 되었다. 이 병원의 본점은 미국의 미네소타주 로체스터에 있다. 대도시와 거리가 먼 작은 소도시에 세계적인 병원이 있는데, 이곳에 해마다 전 세계에서 많은 환자들이 몰려들고 있다.

이곳의 서비스는 실로 놀랍다. 항상 환자들의 기대를 뛰어넘는 서비스를 선보이고 있다. 대표적인 서비스로 이렇다.

- 인터넷을 통한 빠른 정보 접근
- 짧은 진료 예약 대기시간
- 이해하기 쉬운 안내판
- 영적이고 정신적인 배려

어찌보면 이러한 서비스는 누구나 마음만 먹으면 따라 할 만한 것으로 보인다. 그런데 이 서비스의 이면에 환자를 최우선으로 하는 가치를 실천하는 병원 경영이 있다. 연간 환자가 130만명이 찾는 메이요 클리닉에는 종사자가 대략 6만명이나 된다. 직원의 수치는 우리나라의 아산병원과 비교하면 놀라게 된다. 아산병원은 연간 400만명의 환자를 받는데 종사자의 수는 7,000여명이다. 메이요클리닉은 아산병원보다 환자수가 1/3 가량 적지만 9배 많은 인력을 투자한다는 말이다. 당연히 서비스의 질이 높아질 수밖에 없다. 그러고도 메이요클리닉의 연간 매출은 13조가량으로 아산병원의 연간 매출 1조원을 크게 앞지르고 있다.

고객만족 서비스가 최고인 메이요클리닉을 만든 윌리엄 메이요 박사는 병원이 성공하기 위한 조건으로 다음의 세 가지 가치를 제시했다.

- 영리가 아닌 이상적인 서비스를 추구할 것.

- 진심을 다해서 개개 환자의 안녕을 돌보는 일을 최우선에 둘 것.
- 병원 내의 모든 구성원들이 서로의 직업적인 발전에 지속적인 관심을 가질 것.

'서비스 추구', '진심', '환자의 안녕 최우선'을 보다시피, 메이요클리닉은 철저하게 환자 우선의 핵심가치를 추구하고 있다. 또한 병원 내 조직문화가 수직적이지 않다. 구성원의 직업적 발전에 관심을 갖는 것을 가치로 내걸고 있다. 따라서 직원들의 일에 대한 만족도가 높을 수밖에 없다. 이를 통해 메이요클리닉은 세계 최고의 서비스를 선보이고 있다.

'환자 우선'의 가치는
직원 만족을 통해 공유를

좋은 서비스가 나오기 위해서는 서비스 교육의 양이 중요한 것이 아니다. 병원의 핵심 가치로 '환자 우선', '환자 제일주의'가 표방이 되어야 하며, 이를 실천하기 위해서는 무엇보다 직원들이 근무 만족이 이루어져야 한다. 이를 통해 핵심 가치를 공유할 수 있어야 한다. 메이요클리닉에서는 '병원 내의 모든 구성원들이 서로의 직업적인 발전에 지속적인 관심을 갖는 것'을 통해, 직원의 만족도를 끌어올리고 있다.

    전국의 원장님들도 그렇다. 환자 우선주의를 핵심가치로 내세워야 하며, 병원에 근무하는 직원들의 발전에 관심을 갖고 지원을 아끼지 말아야 한다. 그래야 직원에게 병원이 잠깐 돈벌이로 머무는 곳이 아닌, 자아실현의 장이 된다. 이런 병원에서 만족스럽게 근무하는 직원들은 병원의 핵심가치를 자신의 것으로 내면화한다. 이로써 '환자 우선'의 핵심가치 공유가 되며, 직원은 진심으로 환자 만족 서비스를 실천한다.

04
효과적인 내부마케팅의 실무적 방법 5가지

필자의 지인이 인천의 모 척추병원에서 허리 수술을 받았다. 그 병원은 척추 수술 분야에서 전국적으로 몇 손가락 안에 들 정도로 유명한 곳이었다. 수술이 잘 되었고, 그 지인이 퇴원을 했다. 그런데 집에서 와서 이런 하소연을 필자에게 했다.

"너무 아파서 죽겠어. 이러다가 허리가 잘못되는 것 아니야?"

필자는 일시적 증상이라고 봤다.

"수술 후유증이라는 게 있는 법이지. 나아지려고 하니까 통증이 생기는 거라구. 조그만 참으면 될 거야."

"벌써 한 달 반인데 이럴 수 있어? 의료사고로 신고를 해야겠어."

그 지인은 수시로 필자에게 전화하고 징징거렸다. 그러던 그 지인은 퇴원 후 2개월이 될 때쯤에 전화를 걸어와서는 이렇게 말했다.

"이젠 전혀 아프지 않네. 신기하게도. 내가 쓸데없이 의료사고니 뭐니 말한 것 같아."

병원에서는 정상적으로 수술과 시술을 했는데 나중에 환자가 오인을 하는 경우가 있다. 경과의 하나라는 것을 받아들이지 못한 환자들은 울고불고 난리를 피운다. 일부 환자는 의료 신고를 하고 소송을 걸기도 한다. 요즘은 소송을 해주는 앱을 통해 의료소송을 하기가 쉽다. 이런 일은 미리 막을 수 없을까?

고객에게 사전에 시술과 수술 후의 경과 및 휴유증에 대해 충분히 고지를 했다면, 환자가 오해하는 일이 없을 것이다. 세심히 고객을 배려하는 서비스를 했다면 퇴원 후 환자가 판단을 잘못하는 일을 막을 수 있다. 이는 고객만족 서비스의 중요성을 보여주고 있는데, 실질적으로 고객만족 서비스를 하는 병원에서는 컴플레인 고객이 줄어든다.

고객만족 서비스를 위한
내부마케팅의 실무적 방법 5가지

• • •

고객만족서비스가 잘 나오기 위해서는 내부의 고객 곧 직원이 만족해야 한다고 거듭 언급해왔다. 직원을 내부 고객처럼 여기고 각별히 존중하여 만족스러운 근무를 할 수 있도록 만들어야 한다. 이처럼 고객만족 서비스 창출을 위해 내부 고객 곧 직원을 만족하게 하는 것을 내부마케팅이라고 한다. 앞서, 내부마케팅을 위해 사업가로서의 서번트 리더십(직원 존중, 솔선수범), '환자 우선' 핵심 가치의 공유를 소개한 바 있다. 여기에서는 원장님이 즉각 활용할 수 있는 실무적인 방법을 소개해드린다. 원장님이 병원에서 효과적으로 활용할 수 있는 내부마케팅의 실무적 방법으로는 5가지가 있다.

1. 업무에 적합한 직원 채용

원장님은 엄격한 기준을 갖고 직원을 채용해야 한다. 이 과정에서 출신 고향과 인맥, 학맥 등과 같은 연고주의에 얽매지 않는 것이 좋다. 냉정하게 업무에 적합한 직원의 능력을 공평무사하게 평가하고 채용해야 한다. 사실, 작은 병원일수록 이렇게 하기 쉽지 않다. 같은 고향 출신이라서, 혹은 지인의 소개로 직원을 채용하는 일이 벌어진다.

그 결과, 직원은 일의 업무와 잘 맞지 않고 능력을 제대로 발휘하지 못하게 된다. 병원 내 직원의 업무는 하나같이 전문성이 요구된다. 직원은 자신의 능력을 온전히 발휘할 수 있는 업무에서 만족감이 높다. 이런 직원이 친절 서비스에 앞장서기 마련이다.

2. 자율적인 권한 부여

• • •

원장님이 직원의 업무 범위와 역할을 분명하게 규명하는 일이 있다. 데스크 직원, 간호사, 상담실장, 중간관리자가 해야 할 일을 딱 정하게 되면 직원들이 질서 있게 잘 움직일 것 같아 보인다. 직원은 사람이다. 사람은 기계가 아니라는 점을 망각하지 말아야 한다.

직원은 시키는 일만 척척 해내는 기계가 아니다. 직원은 스스로 생각하고 판단하여 자율적으로 일을 할 때 더 큰 만족을 얻는다. 시키는 일만 하는 병원과 어느 정도 자율적으로 일을 할수 있는 병원, 이 두 병원 중에서 직원이 가장 만족과 보람을 느끼는 곳은 후자다. 경영학자들에 따르면, 직원에게 권한을 위임하고 자율성을 확보해 줄 때 조직문화가 개선된다고 한다. 이때 직원의 잠재력이 터진다고 한다. 고객 서비스 면에서도 당연할 것이다.

3. 감정 노동의 스트레스 관리

• • •

고객만족 서비스는 고객에게 조건없이 무한대로 서비스를 제공한다는 의미가 아니다. 자칫 잘못 이해할 경우, 현장에 근무하는 직원들이 컴플레인 고객 환자와 부당한 요구를 하는 환자들에게 심한 스트레스를 받을 수 있다. 이런 일은 직원의 정신 건강을 위해서 방지해야 한다.

'환자 우선' 가치로 고객에게 친절하게 응대하는 것은 맞다. 그런데 정상적이지 않은 환자 고객은 예외로 하여, 현장에서 직원 재량껏 대처할 수 있도록 해줘야 한다. 이와 더불어 감정 노동에 시달리는 직원들의 고충을 수시로 체크하며, 휴식시간을 제공하는 등 직원들의 건강을 보호해야 한다. 이렇게 할 때 고객 응대로 늘상 스트레스를 달고 다니는 직원이 만족감이 높아져서 적극적으로 고객만족 서비스를 해낸다.

4. 포상, 승진의 동기부여

서비스를 잘하는 직원이 있고 그렇지 않은 직원이 있다. 이 두 부류의 직원이 똑같이 평가되고, 동일한 인사평가를 받고, 같은 연봉을 받으며 근무를 한다면 어떤 일이 벌어질까? 전자의 직원은 사기가 떨어진다. 자신은 다른 직원보다 더 열정적으로 고객 서비스를 하지만 다른 직원은 그렇지 않은데 조직에는 아무런 변화가 없기 때문이다.

이때 필요한 것이 당근 제시의 동기부여 전략이다. 서비스를 잘하는 직원을 주기별로 선정하여 포상하는 제도를 마련하는 것이다. 이렇게 하면 경쟁적으로 직원들이 서비스에 최선을 다하게 된다. 또한 서비스를 잘 한 직원은 포상으로 인해 만족감을 가진다. 고객만족 서비스로 포상을 받은 직원에게는 승진 기회의 문이 더 넓어야 하는 것이 당연하다.

5. 서비스 교육

・ ・ ・

서비스의 중요성을 모르는 병원은 하나도 없다. 원장님들은 시간과 자금을 투자하여, 직원들에게 서비스 교육을 진행한다. 외부 강사를 초빙하거나 전문 업체에 의뢰하여 직원들에게 서비스 교육을 시킨다. 반복된 서비스 교육을 통해 직원은 서비스 실천 요령을 습득하게 된다. 서비스 교육은 지금까지 그래왔듯이 앞으로도 계속 잘 유지하는 것이 중요하다.

원장님이 서비스 교육에 함께 참석한다면 직원들의 교육 참여도가 더 높아질 것이다. 직원들과 소통하고 또 서비스에 대한 애로사항을 청취를 하자. 이 과정에서 직원들은 만족감을 느낀다. 그 결과, 직원들은 자발적이고 적극적인 고객만족 서비스를 발휘하게 된다.

헤세의서재

헤세의서재 블로그 https://blog.naver.com/sulguk

기업인, 의사, 컨설턴트, 강사, 프리랜서, 자영업자의 출판 기획안, 출판 아이디어, 원고를 보내주시면 잘 검토해드리겠습니다. 좋은 콘텐츠를 갖고 있지만 원고가 없는 분에게는 책쓰기 코칭 전문 <1등의책쓰기연구소>에서 책쓰기 프로그램에 따라 코칭을 해드리고, 책 출판해드립니다. 자기계발, 경제경영, 병원경영, 재테크, 대화법, 문학, 예술 등 다양한 분야의 책을 출판합니다.

잘되는 병원 안되는 병원

초판 1쇄 발행 2023년 10월 16일

지은이 이국진
펴낸이 고송석
발행처 헤세의서재
주소 서울시 서대문구 북가좌2동 328-1 502호(본사)
　　　서울시 마포구 양화로 64 서교제일빌딩 824호(기획편집부)
전화 0507-1487-4142
이메일 sulguk@naver.com
등록 제2020- 000085호(2019년 4월 4일)
ISBN 979-11-967423-9-3(13320)

ⓒ 이국진, 2023

이 책의 저작권은 저자와 도서출판 헤세의서재가 소유합니다.
신저작권에 의하여 한국 내에서 보호받는 저작물이므로 무단 전재와 무단 복제를 금합니다.
＊ 가격은 뒤표지에 있습니다.
＊ 잘못 만들어진 책은 구입처에서 바꾸어 드립니다.